新时代大中小学劳动教育教材

农耕劳动教育与实践

主编 刘 文 谢秀凤 董 斌

中国轻工业出版社

图书在版编目（CIP）数据

农耕劳动教育与实践 / 刘文，谢秀凤，董斌主编.
北京：中国轻工业出版社，2024. 10. -- ISBN 978-7
-5184-5074-9

Ⅰ. G40-015

中国国家版本馆CIP数据核字第20248JH402号

责任编辑：贾　磊　　责任终审：劳国强　　设计制作：梧桐影
策划编辑：贾　磊　　责任校对：晋　洁　　责任监印：张京华

出版发行：中国轻工业出版社（北京鲁谷东街 5 号，邮编：100040）
印　　刷：艺堂印刷（天津）有限公司
经　　销：各地新华书店
版　　次：2024年10月第1版第1次印刷
开　　本：787×1092　1/16　　印张：13.75
字　　数：250千字
书　　号：ISBN 978-7-5184-5074-9　定价：48.00元
邮购电话：010-85119873
发行电话：010-85119832　　010-85119912
网　　址：http://www.chlip.com.cn
Email: club@chlip.com.cn

220615J2X101ZBW

本书编写人员

主　编　刘　文（广东农工商职业技术学院）
　　　　谢秀凤（广东农工商职业技术学院）
　　　　董　斌（广东农工商职业技术学院）

副主编　周玲艳（仲恺农业工程学院）
　　　　巢居鹏（广东农工商职业技术学院）
　　　　李荣喜（广东农工商职业技术学院）

编　者　（以姓氏笔画为序）
　　　　王天凤（广州市天河区暨南大学附属实验学校）
　　　　方永棠（广州市增城区挂绿实验学校）
　　　　朱英华（广州市天河区暨南大学附属实验学校）
　　　　刘伟胜（广州市增城区朱村街第二小学）
　　　　刘旭光（广东农工商职业技术学院）
　　　　闫志烨（广东农工商职业技术学院）
　　　　肖宇宁（广州市黄埔区玉泉学校）
　　　　陈佳娴（广东农工商职业技术学院）
　　　　岳海林（广东农工商职业技术学院）
　　　　梁宇恩（广州市黄埔区玉泉学校）
　　　　谢月亮（广东农工商职业技术学院）

前言

劳动教育是学生树立马克思主义劳动观，培养学生劳动技能和文明行为养成，以及提高学生综合素质的一门课程。劳动教育有利于学生树立劳动观念，保持艰苦奋斗、吃苦耐劳的优良传统。中国自古以农立国，是世界三大农业起源中心之一，农业促进了中华民族的产生、繁衍和发展。中华农耕文明历史灿烂悠久，自古以来，中华民族向往美好生活，通过勤劳和智慧实现“五谷丰登”“岁丰年稔”。中国幅员辽阔，南北气候差异较大，形成丰富的农产品资源和各具特色的农耕技术、生产工具、文化内涵。农耕文化是我国农业文明的重要组成部分，农耕劳动教育的实施，对于培养学生爱国情怀、传承劳动精神，以及树立正确的人生观、价值观和世界观等具有积极作用和重大意义。

本书属于劳动教育实践类课程配套教材，共分为五个项目。项目一是育苗与扦插，包括种子繁殖和扦插繁殖；项目二是种植与收获，包括粮、果、菜、花的种植和收获管理，以及土地整理和除草；项目三是盆栽与瓶袋栽，包括花卉、果实、观叶植物和食用菌的赏、食两用盆栽或瓶栽、袋栽操作与管理；项目四是手工制作与养殖，包括花艺、茶艺、标本的手工制作及蚕和蚯蚓的养殖；项目五是烹饪与加工，包括主食和糕点等的烹制加工。每个劳动任务主要由学习目标、必备知识、任务设计、任务实施和劳动实践评价组成，这种编写结构既有利于学生素养目标的确立和知识技能的培养，又有利于提高学生的团结协作和动手能力。教材的编写根据文化和农业生产习惯的特点，突出任务的区域特色和实用性。大中小学在开展劳动教育实践过程中，指导教师可以根据当地气候特点、自身场所和设备条件，参考本教材选用部分课程，或根据学生不同年龄段在任务实施过程中进行实践环节的调整。

本教材由广东农工商职业技术学院刘文、谢秀凤和董斌担任主编；仲恺农业工程学院周玲艳，广东农工商职业技术学院巢居鹏、李荣喜担任副主编。广东农工商职业技术学院陈佳娴、岳海林、闫志烨、刘旭光、谢月亮，广州市增城区朱村街第二小学刘伟胜，广州市增城区挂绿实验学校方永棠，广州市天河区暨南大学附属实验学校朱英华、王天凤，广州市黄埔区玉泉学校梁宇恩、肖宇宁参与劳动教育任务的编写。

本教材在编写和实践检验的过程中，还得到广东农工商职业技术学院2019级、2020级、2021级园艺技术专业（广东省4+0协同本科），以及2020级、2021级作物生产与经营管理专业全体同学的协助，在此表示感谢。

由于编者水平有限，教材中难免存在不妥之处，敬请读者对教材提出意见和建议，以便今后改正和修订。

编者

2024年1月

目录

项目一　育苗与扦插

任务一　水稻催芽和基质育秧

学习目标

知识目标

通过感官和认知的结合，掌握水稻育秧的关键知识，能够准确辨别水稻秧苗各个生长阶段的特征，提高对水稻生长的认知。

技能目标

培养动手实践能力，能够独立或合作完成水稻催芽和基质育秧操作，能掌握水稻育秧的管理技术。

素养目标

通过开展水稻催芽和基质育秧实践活动，了解种子是农业的芯片和粮食安全保障的理念。在水稻出芽生长的观察过程中，领悟植物生命的奇妙，感悟生命的真谛。

必备知识

水稻是禾本科一年生水生草本，主要分为2个亚种，即籼稻与粳稻。水稻是亚洲热带广泛种植的重要谷物，我国南方为主要产稻区，北方各省也均有栽种。种子是农业的芯片，我国水稻种类繁多。根据水稻对土壤水分的适应性差异，可将其分为水稻（如灌溉稻、低地雨育稻、深水稻和浮稻）和陆稻（旱稻）两大类型。根据淀粉组成，可分为黏稻和糯稻。根据光照长短的反应特性不同，可分为晚稻和早稻，晚稻对日照长短反应敏感，在短日照条件下才能进入幼穗分化阶段和抽穗，早稻对日照长短反应无感。另外还有多种特种稻，如有色稻米红米、黑米和绿米，散发出香味的香稻品种，生长在海洋河口的海水稻，以及富含蛋白质、脂肪、纤维素与烟酸的功能稻米。

杂交水稻专家袁隆平院士培育的三系杂交水稻，实现了杂交水稻历史性的突破。因为袁隆平在杂交水稻中的贡献巨大，他被称为“杂交水稻之父”。杂交水稻的成功问世，使得我国杂交水稻技术居于世界的前列，增强了我国在世界上的话语权和国际地位。水稻是国家战略物资，杂交水稻的成功培育，解决了我国人民的吃饭问题，推动了国民经济的发展。

任务设计

1. 实践场所

要求阳光充足，春播可以选择在温室或透明塑料保温盒中进行，夏播可以在学校露天种植基地实施。

2. 授课学时

2学时。

3. 材料和工具

塑料水杯（或纱布、尼龙细网袋）、温度计、水稻种子、水稻育秧托盘、蔬菜或水稻专用基质、洒水壶、有机肥（缓释型）。

任务实施

1. 分组和制订计划

3~5人分为一组，并任命组长。小组成员之间互帮互助，共同记录水稻生长过程，根据成员个人优势协商确定任务分工。

2. 浸种催芽

（1）工具　水、塑料杯（也可用纱布或尼龙细网袋替代，保湿催芽）、50℃水、温度计。

（2）劳动步骤　水稻催芽劳动步骤见表1-1。

表1-1　水稻催芽劳动步骤

序号	步骤	劳动说明	劳动标准
1	晒种	浸种前3天，将种子在晴天下均匀晾晒6~7小时，提高种子发芽势（如若种子为干燥晒好的状态，则可以省略此步）	晒干至种子为干爽状态即可
2	选种	剔除混杂在种子中的瘪壳、草籽、杂质和病粒等，漂在浸种液上的杂物要及时捞出，防止杂物霉变腐烂，提高浸种质量	选出健康完好的种子

续表

序号	步骤	劳动说明	劳动标准
3	温汤烫种	将挑好的种子放置于50℃左右的热水当中烫5～10分钟（杀灭种子上的病菌）。时间到后及时捞出降温（此步骤需要接触热水，需有专人在旁指导，防止学生烫伤）	烫种水温正确，烫种时长合适
4	浸种	准备塑料杯和水，分发水稻种子。在塑料杯上写上标记及当日浸种日期，将水稻种子放入塑料杯中，倒入水直至没过水稻种子即可，塑料杯放置在避光的地方，温度控制在28～32℃，期间每天观察3次并换水。也可以采用日浸夜露方法浸种。（塑料杯可以用纱布或尼龙细网袋替代，需要覆盖湿布保水催芽）	水位正确（盖过种子），确保避光催芽和保温保湿，定期进行观察、换水等
5	观察	杯中是否有水，如若无水，应及时补充水分（水位高度依旧盖过种子即可）。观察种子是否露白，一般1～2天露白，3～4天催芽成功。观察水稻种子的露白所需时间	种子露白以及出芽，无发霉现象

（3）注意事项

① 烫种时应注意水温，切忌过烫（大概温感为手指觉得稍微有些烫手但还能接受），最好备有温度计，备好烫伤药，小心烫伤自己和他人。

② 浸种时需要注意种子应避光催芽，不要将种子放置在长期光照的室内，每6～8小时定期换水以避免种子发霉。

③ 观察种子发芽状态，大田育秧一般要求根芽1厘米以上，基质育秧要求稻种60%露白即可。

④ 各地区育秧需要准确把握气候温度，依据当地气候和节气选择水稻催芽最佳时间，避免过早和过晚播种，同时观察气温变化，避免温度过高或过低。

水稻露白和出芽情况见图1-1。

（1）水稻露白　　（2）水稻出芽

图1-1 水稻露白和出芽情况

3. 基质育秧法

（1）工具 育秧盘、水稻或蔬菜专用基质、洒水壶、露白水稻种子、有机肥（缓释型）。

（2）劳动步骤 水稻基质育秧劳动步骤见表1-2。

表1-2　水稻基质育秧劳动步骤

序号	步骤	劳动说明	劳动标准
1	基质铺设	将基质和有机肥按照20：1的体积提前混匀。用小铲将基质铺于育秧盘，厚度约为育秧盘高度的一半，要求铺设平整	基质铺设平整，厚度合适
2	育秧盘播种	铺好基质后，我们需将露白的种子均匀地撒播到育秧盘的基质上，每盘约110克种子，注意种子间距大概0.5厘米，种子撒播必须均匀，可以手动调整种子密度，然后再铺设基质覆盖种子，要求基质厚度与秧盘齐平	种子撒播均匀，种子间距合适，基质厚度合适
3	育秧盘浇水	用洒水壶将育秧盘浇水至底部滴水为止，避免水速过快冲开基质暴露种子，如果冲开后可以手动铺平基质覆盖种子。放置在光照充足、温度合适的环境生长	基质湿透，避免冲开暴露种子
4	观察和管理	期间需进行观察，如果基质干旱，需及时补充水分，天气炎热特别注意水分补充。观察水稻发育情况，每天进行观察、测量、拍照。注意病虫害管理，二叶期后每周追水肥一次，防止光照不足造成徒长，或营养不足造成黄叶	一直保持基质湿润状态，观察和管理得当

（3）注意事项

① 春播和夏播季节，根据天气情况做好学生防晒、防寒等防护工作。

② 基质可掺入少量有机肥。

③ 每天观察育秧情况，观察内容包括：注意基质干旱程度，如若干旱需立即补充水分；观察水稻生长期间的特征变化。

劳动实践评价

水稻催芽和基质育秧实践结束后，由组长组织小组进行讨论，充分听取大家的感想和意见，每人对自己的劳动态度、劳动质量、劳动结果进行自我评价，总结自己在劳动知识与技能、合作意识、沟通能力、吃苦耐劳精神等方面的感悟，谈谈期间的收获和心得体会，最后教师进行总体评价。

水稻催芽和基质育秧实践评价见表1-3。

表1-3　水稻催芽和基质育秧实践评价

劳动评价（满分100分）	评价标准	成绩/分	
自我评价（20分）	劳动过程中有思考讨论，操作步骤准确		
过程评价（20分）	正确使用工具，工具使用完清洗干净并摆放整齐，基质配制正确，现场清理干净		
课程感悟（20分）	劳动后的总结，总结学到的知识以及心得体会		
观察日记（20分）	对水稻生长期间进行观察记录，对水稻生长期间的明显生长特征进行记录		
成果展示（20分）	水稻苗无黄叶、病虫害，粗壮、挺直、健康		
教师评价		合计	

水稻均匀铺种和基质覆盖见图1-2。

（1）水稻均匀铺种

（2）水稻基质覆盖

图1-2　水稻均匀铺种和基质覆盖

水稻在育秧盘中生长情况见图1-3。

图1-3　水稻在育秧盘中生长情况

任务二　黄瓜穴盘育苗

学习目标

知识目标

通过实践了解黄瓜育苗过程中土壤基质配制以及相关操作的原理，了解黄瓜生长的相关知识，掌握黄瓜种植的方法。

技能目标

掌握黄瓜育苗的方法和技术要求，并能通过品种延伸完成其他瓜类种子育苗相关工作。

素养目标

黄瓜寓意美好的祝福和健康，黄瓜育苗劳动实践可激发对黄瓜结果的期盼，培养对美好生活的向往，提高对自然作物生长探索的兴趣。

必备知识

黄瓜，葫芦科一年生蔓生或攀缘草本植物，也称胡瓜、青瓜，茎细长，有纵棱，被短刚毛，茎、枝伸长。黄瓜为雌雄同株异花，一般先开雄花后开雌花。黄瓜原名称胡瓜，是汉朝张骞出使西域时带回来的，后更名为黄瓜。唐朝以前为珍贵蔬果，到了唐朝时，黄瓜成为南北方均常见的蔬菜。

育苗是指移植栽培作物在苗床中从播种到定植的作业过程。在多数蔬菜栽培中，育苗是一个十分重要的环节，其苗期的生长发育状态，往往影响到前期甚至整个生育周期。秧苗的生长状况和生理素质，与定植缓苗、生长速度、花芽分化及果实发育有着密切联系。因此，做好育苗这一过程是实现早熟、丰产的基础。若在南方地区，黄瓜的育苗需要避开高温和低温天气，南方露天育苗时间建议在3～4月或9～10月。

任务设计

1. 实践场所

要求阳关充足、背风、无尘环境，冬季可以大棚种植，也可以在阳光充足的家庭阳台、学校基地实施。

2. 授课学时

1学时。

3. 材料和工具

已经浸泡催芽的黄瓜种子、泥炭土、珍珠岩、蛭石、50孔穴盘、小铲、铁铲、洒水壶、透明薄膜等。

4. 注意事项

（1）劳动前进行安全教育，注意农具使用安全。

（2）劳动时注意各个环节的技术要点和日常管理，确保种子良好生长。

任务实施

1. 分组和制订计划

3～5人分为一组，并任命组长。小组成员共同讨论，制订劳动目标和计划，根据成员个人优势协商确定任务分工。

2. 劳动步骤

以小组为单位，成员共同完成一次黄瓜穴盘育苗劳动过程。黄瓜穴盘育苗劳动步骤见表1-4。

表1-4　黄瓜穴盘育苗劳动步骤

序号	步骤	劳动说明	劳动标准
1	规划方案	制订详细的黄瓜育苗方案和具体实施步骤，明确成员间分工和劳动内容	方案完整，劳动步骤翔实，能够指导劳动操作
2	材料与工具准备	准备各环节需要的材料与工具	清点数量，摆放整齐
3	育苗基质配制	泥炭：珍珠岩：蛭石体积比为3：1：1，将基质按照比例混合均匀待用	使用和操作工具安全规范
4	填土与播种	用配制好的基质将穴盘填充好后，稍微压实，浇透水，等水渗下去后，将种子点播于穴盘内，一穴一粒，上面再覆盖一层0.5～1.0厘米配好的基质。在上面覆盖一层地膜或搭拱棚进行保温保湿。维持温度24～30℃为宜。黄瓜出苗后，要加强通风管理	填充基质和播种操作准确
5	工具与场所清理	完成种植后，清理现场，确保栽培场所干净有序	栽培场所整洁，工具整齐干净

3. 后续管理

（1）黄瓜苗长出后，保持基质湿润即可，不可浇水过多，并加强通风管理，防止光照不足徒长成高脚苗，也要注意不能出现僵苗。苗期可叶面喷施0.1%磷酸二氢钾溶液和0.2%复合肥淋根进行追肥。

（2）注意及时防治病虫害，特别是苗期易得的猝倒病和立枯病。要及时用800倍百菌清或多菌灵等广谱性杀菌剂进行防治。

（3）黄瓜苗出土2～3天，对种子外壳进行手工“摘帽”处理，等黄瓜苗长到3～4个真叶时即可进行定植。

劳动实践评价

黄瓜穴盘育苗实践结束后，由组长组织小组进行讨论，充分听取大家的意见和建议，每人对自己的劳动态度、劳动质量、劳动结果进行自我评价，总结自己在劳动知识与技能、合作意识、沟通能力、吃苦耐劳精神等方面的感悟，最后教师进行总体评价。

黄瓜穴盘育苗实践评价见表1-5。

表1-5　黄瓜穴盘育苗实践评价

劳动评价（满分100分）	评价标准	成绩/分	
过程评价（25分）	能够在劳动过程中与同学合作，按照讲解步骤完成实践		
自我评价（25分）	能够主动学习育苗知识并运用所学知识积极完成劳动		
课堂感悟（25分）	能够体会到劳动的快乐并跟老师和同学分享劳动心得		
结果展示（25分）	黄瓜苗健壮挺拔，无徒长和营养不足等现象发生		
教师评价		合计	

黄瓜育苗基地见图1-4，移栽黄瓜苗见图1-5。

图1-4　黄瓜育苗基地

图1-5　移栽黄瓜苗

任务三　多肉植物冬美人的叶插

学习目标

知识目标

了解冬美人的主要性状特征、生长习性及其叶插的相关知识，掌握冬美人扦插后期管理的要求和知识。

技能目标

能根据冬美人的生长特点，独立完成叶插种植的过程，掌握冬美人等多肉植物的扦插技能、种植管理技术和注意事项。

素养目标

冬美人是多肉植物当中生命力最顽强的品种之一，经常群生在不起眼的墙头，平淡却很美。通过学习冬美人的“花语”精神，培养朴实的工作态度和扎实的工作作风。

必备知识

冬美人是景天科厚车莲属的多肉植物，又称东美人。冬美人喜温暖、干燥和光照充足的环境，耐旱，喜疏松、排水透气性良好的土壤，无明显休眠期。冬美人养殖方法比较简单，很适合家庭盆栽养殖观赏。冬美人可采取叶插和枝插的方式繁殖，但通常采用的是叶插的方式，取材简便，方法也较为简单，繁殖效率较高，成活率高。冬美人叶片通常为灰蓝色，在温差大、日照时间长的环境下叶片会变为淡粉色。叶片表面有一层白霜，日常浇水时需注意勿将白霜冲刷掉。

从叶柄将叶片或叶片的一部分进行扦插，俗称为叶插。冬美人叶插一般在4～10月进行，此时冬美人处于生长期，有利于生根发芽，扦插温度需要控制在15～28℃。

多肉植物叶插想要成活率更高，最好选择生长旺季进行，也就是春季或者秋季，这两季的气候环境适宜，多肉在生长旺季萌发能力强，管理方便。扦插尽量避开夏季和冬季，夏季的温度高，多肉植物会休眠。冬季温度太低，生根率低。多肉植物叶插时选取的叶片必须是已经成熟、肥厚饱满、没有病虫害的，还要保证芽点的完整性，没有芽点就不会生根出芽。掰取叶片时要小心，要左右晃动掰取，不能直接拽。叶片取下来之后先放在通风、阴凉的环境下进行晾晒，适当晾晒之后进行扦插。叶插所用的基质必须是松软、透气的，这样的基质环境下更容易生根成活。配土时可用珍珠岩、蛭石、泥炭土进行混合，配制后在太阳下暴晒消毒。此外，基质要适当湿润，过湿叶片容易腐烂，干燥不利于生根。

任务设计

1. 实践场所

温室或学校基地等阴凉空旷处。

2. 授课学时

2学时。

3. 材料和工具

冬美人、小铲子、种植盆（大盆）、小陶盆、纱网、多菌灵、泥炭土、珍珠岩、蛭石、粗砂、洒水壶、小标签。

4. 注意事项

课前查询天气预报，进行安全教育，注意工具使用安全，讲解多菌灵使用安全。劳动时注意各个环节的技术要点和日常管理，确保冬美人良好生长。生长管理期间，注意用肥安全。

叶插时，从健康的植株部位取材，以免切口受感染，选择成熟的植株取材料，刚刚采下的叶片不宜立即扦插，应放在干燥通风、温暖和有散射光照射的地方，使伤口产生愈伤组织封闭后再插入基质。

叶插后应注意控制土壤的湿度，注意控制好浇水。要做到见干见湿，“见干”，是指浇过一次水后等到土面发白，土壤表层及内部水分消耗后，再浇第二次水，不能等盆土全部干透才浇水。一般的方法是把手指伸进土壤内部感受干了再浇。如果土壤内部湿润，就不宜连续浇水，否则容易造成土壤下部积水，严重时导致烂根。“见湿”，是指每次浇水时都要浇透，即浇到盆底排水孔渗水为止。

任务实施

1. 分组和制订计划

3～4人分为一组，并任命组长。通过教师引导，小组成员共同讨论，制订劳动目标和计划，确定各成员的任务分工。

2. 劳动步骤

以小组为单位，成员共同完成一次冬美人叶插劳动过程。冬美人叶插劳动步骤见表1-6。

表1-6 冬美人叶插劳动步骤

序号	步骤	劳动说明	劳动标准
1	规划方案	制订详细的冬美人叶插种植方案和具体实施步骤，明确成员间分工和劳动内容	方案完整，劳动步骤翔实，能够指导劳动操作

续表

序号	步骤	劳动说明	劳动标准
2	材料与工具准备	准备各环节需要的材料与工具，按次序摆放整齐	清点数量，摆放整齐
3	叶插土壤基质配制	将泥炭土、蛭石、珍珠岩按照3：1：1混合均匀，配制好的基质待用	基质配制比例正确，混合均匀
4	叶插叶片的准备	选择生长健康饱满的叶片，一只手慢慢地捏着叶柄基部，一只手扶着植株，轻轻左右晃动掰下叶片。在叶片根部涂上0.2%多菌灵后，将叶片摆放整齐，放置于通风阴凉处晾干，预防叶片伤口感染	叶片取材饱满完整，摆放整齐，晾干
5	叶插种植	在盆底放置一层纱网，将混合均匀的基质装入大盆中，土壤表面用木片刮平整，在土壤表面铺上一层粗砂，然后将冬美人的叶片整齐摆放到土壤表面上，背面朝下，正面朝上，叶片贴紧基质，根据花盆大小扦插4~8片叶。叶片扦插后，用标签标记日期和分组名，并用洒水壶洒水均匀，让基质有微微的潮气即可。完成后将叶插花盆放到通风阴凉的地方养护，等待叶片生根发芽	盆底铺上一层纱网阻隔害虫从花盆底部侵入，基质平整、微湿，不用浇透。叶插后不能直接放到直射光线下，以散射光为宜
6	叶插苗移盆	叶插10天左右叶片生根，当根长达到2~3厘米且有2~3对叶子时，即可移入小盆中单独栽种。等到冬美人长成植株，可移换大种植盆	选择透气透水的小陶盆，提前将泥炭、蛭石、珍珠岩按照3：1：1混合均匀
7	工具与场所清理	完成种植后，清理现场，确保场所干净有序	场所整洁，工具摆放整齐、清洗干净
8	生长期管理	加强生长期间的水肥管理，控制好浇水（见干见湿）。生长期施肥一般每月一次，注意每天观察移盆后冬美人的生长情况，并将其记录	生长环境适宜，记录其生长变化。浇水时沿着盆子边缘浇水

劳动实践评价

冬美人叶插种植实践结束后，由组长组织小组进行讨论，充分听取大家的意见和建议，每人对自己的劳动态度、劳动质量、劳动结果进行自我评价，总结自己在劳动知识与技能、合作意识、沟通能力、吃苦耐劳精神等方面的感悟，最后教师进行总体评价。

冬美人叶插实践评价见表1-7。

表1-7　冬美人叶插实践评价

劳动评价（满分100分）	评价标准	成绩/分
过程评价（20分）	积极参与和回答问题，能够独立完成一个冬美人叶插过程	
自我评价（20分）	能够配合伙伴一起完成劳动过程，能了解冬美人的生长习性，掌握扦插特点和注意事项	
课程感悟（20分）	能了解扦插技术和感悟扦插技术对植物生长势的影响	
观察日记（20分）	定期对多肉冬美人的生长进行观察并跟进记录，记录内容详细，数据完整可靠	
成果展示（20分）	能按照要求种植并扦插成活，长势良好	
教师评价		合计

多肉冬美人完整植株见图1-6，掰下多肉叶瓣示意见图1-7，多肉冬美人盆栽叶插见图1-8。

图1-6　多肉冬美人完整植株

图1-7　掰下多肉叶瓣示意

图1-8　多肉冬美人盆栽叶插

任务四　多肉植物石莲叶插

学习目标

知识目标

通过课程实践，掌握多肉植物石莲生长繁殖特点和扦插繁殖的技术流程和原理。

技能目标

掌握无性繁殖扦插技能，掌握多肉植物叶插技术的要点，提高叶插繁殖的动手能力。

素养目标

石莲的“花语”为顽强，代表着坚强的品质，还有永恒的寓意。通过学习石莲“花语”精神，培养坚韧和永恒的品质。

必备知识

多肉植物也称多浆植物、肉质植物等，其至少有一种组织肉质化，能储存大量水分，在干旱环境中消耗储存的水分生存，所以不宜多浇水。多肉分生区发达，无性繁殖较容易，目前繁殖常用方法为扦插，一般于春、秋进行，生长温度适宜在15～28℃。大多数多肉品种每天至少需3小时的充足日照，但不宜超过8小时，适度的日照可以使多肉植物生长良好且不易被病菌感染，染上虫害的概率更低。

石莲，原产墨西哥，是景天科石莲属的二年生草本植物。其基生叶莲座状，茎生叶互生，喜温暖、干燥和阳光充足的环境，适合在疏松、肥沃和排水良好的沙壤土中种植。石莲不耐寒，耐半阴，忌烈日。

扦插也称插条，是一种常用的培育植物的繁殖方法。扦插属于无性生殖，按取用器官的不同可分为茎插、根插和叶插三类。扦插可以剪取植物的茎、叶、根、芽（在园艺上称插穗）等插入适宜的基质中，等到根系生长完整后就可移栽，使之成为独立的新植株。

任务设计

1. 实践场所

空旷、阴凉通风的地点，可在温室或者室内操作。

2. 授课学时

1学时。

3. 材料和工具

石莲插叶（叶插时要从生长健壮的多肉母株上掰叶子，叶子掰下来后，要将伤口晾半天时间）、喷壶、基质（需提前消毒，可用多菌灵和水约按1∶1000配制溶液浸泡基质）、铲子、种植盆、标签纸。

4. 注意事项

（1）劳动前进行安全教育，注意农具和多菌灵使用安全。

（2）种植管理过程中，注意日常的水分和温度管理。

（3）多肉植物肉质器官可储存大量水分，不宜多浇水，否则易烂根，浇水原则为“见干见湿，浇则浇透”。

（4）扦插过程不可破坏叶片基部生长点。扦插时叶片朝上平放或斜靠盆壁，切忌将叶片插入土壤中，否则叶片易潮湿腐烂。

（5）每次间隔半个月就追加一次微生物菌剂制成的水溶肥，这样可以不断地提升株苗的适应能力，致使其分化出小莲花的同时更好地适应外界的高温气候。

任务实施

1. 分组和制订计划

3～4人分为一组，并组内任命组长或负责人。小组成员共同讨论，制订劳动目标和计划，根据成员个人优势确定任务分工。

2. 教师讲解和示范

教师根据劳动步骤，示范操作给学生看，并在操作过程中提醒重要的步骤和应该注意的事项。

3. 劳动步骤

以小组为单位，成员共同完成一次多肉植物石莲叶插劳动过程。多肉植物石莲叶插劳动步骤见表1-8。

表1-8　多肉植物石莲叶插劳动步骤

序号	步骤	劳动说明	劳动标准
1	规划方案	制订详细的石莲扦插方案和具体实施步骤，明确成员间分工和劳动内容	方案完整，劳动步骤翔实，能够指导劳动操作
2	材料与工具准备	准备各环节需要的材料与工具	清点数量，摆放整齐
3	种植基质配制	可提前用小铲子将泥炭土和珍珠岩按体积比3：1混合均匀待用	基质配制比例正确，混合均匀

续表

序号	步骤	劳动说明	劳动标准
4	叶片处理	将叶片轻轻折下后，断口蘸800倍多菌灵，放阴凉通风处晾干1～2天	叶片折口平整，摆放整齐
5	栽培	将基质放入种植盆中整平，浇水浇透后，叶片叶面朝上，叶背朝下，放到基质上，轻轻压叶片贴紧基质，不必覆土。穴盘育苗每孔扦插1片，花盆每盆扦插3～4片	基质平整，浇水至盆底有水渗出为止，插叶无水残留
6	清理	小组成员将工具洗干净放到回收处，把制造的垃圾等清理干净，种好的盆栽贴好小组标签后，统一放到指定地点，保持场地整洁	栽培场所整洁，工具整齐干净
7	管理	叶片10天左右后从叶原基部长出小叶和新根，待母叶完全干瘪后便可将其摘除，将幼株移至温暖干燥、阳光充足的环境。要避免烈日暴晒，浇水、施肥不宜过多，并且要注意病虫害防控，每日观察记录	生长环境适宜，叶片生长良好，无病虫害

4. 常见病虫害及其防治方法

多肉植物常见的病虫害有红蜘蛛、介壳虫、黑腐病。可以用1000倍吡虫啉或氯氰菊酯混多菌灵喷施叶面。

5. 生长记录观察

石莲叶插生长记录表（10天记录一次）见表1-9。

表1-9 石莲叶插生长记录表

种植天数	插穗生长现象描述（根、芽、新生叶片等生长情况）
10	
20	
30	
40	
50	

劳动实践评价

小组成员对劳动过程中的收获进行讨论，小组代表发言，教师点评补充，可进行要点提问了解学生掌握情况。

多肉植物石莲叶插实践评价见表1-10。

表1-10　多肉植物石莲叶插实践评价

劳动评价（满分100分）	评价标准	成绩/分
过程评价（20分）	认真按照每个步骤有序进行，积极认真，掌握基本多肉植物扦插知识	
自我评价（20分）	认真负责、团结合作，按时完成各项任务，了解多肉植物石莲的生长特性和形态特征	
课程感悟（20分）	能从多方面总结分析，总结收获	
观察日记（20分）	能按时详细记录扦插叶片变化、根芽生长的过程	
成果展示（20分）	按要求种植且插穗上无水残留，植株生长良好	
教师评价		合计

石莲叶插穴盘放置方法见图1-9，叶插成活的石莲见图1-10。

图1-9　石莲叶插穴盘放置方法

图1-10　叶插成活的石莲

任务五　蓝雪花枝条扦插

学习目标

知识目标

了解蓝雪花的生长特点及扦插的相关知识，掌握蓝雪花枝条扦插繁殖的方法和技术要求。

技能目标

能根据蓝雪花的生长特点，独立完成扦插工作，达到枝条扦插成活且能成功移栽植株的目的。

素养目标

了解蓝雪花积极向上、独立和勇敢的“花语”，培养细致的心思和爱美的生活理念。

必备知识

蓝雪花属于白花丹科、蓝雪花属植物，多年生直立草本。蓝雪花生长适宜温度为20～25℃，喜光照，稍耐阴，不宜在烈日下暴晒，要求湿润环境，干燥对其生长不利，中等耐旱，宜在富含腐殖质、排水畅通的砂壤土上生长。蓝雪花一般采用枝条扦插进行繁殖，属于无性生殖。

生产上植物无性繁殖一般采用剪取植物的茎、叶、根、芽等（在园艺上称插穗），插入土中、沙中，或浸泡在水中，等到生根后即可栽种，使之成为独立的新植株。具体操作为把离体的植物营养器官插在基质中，使其生根、发芽，成长后开花、结果，是取得与原植物特征一致的有效方法。扦插繁殖方法与嫁接等无性繁殖方法相比，具有繁殖系数高、操作简便和成本低等优点；与播种等有性繁殖方法相比，具有保持品种优良特性、提早开花等优点。

任务设计

1. 实践场所

扦插操作场所要求阴凉通风处。后期生长管理场所要求光照适中、土质湿润、空气流通性强。

2. 授课学时

1学时。

3. 材料和工具

蓝雪花枝条（插穗）、种植塑料花盆、生根粉、珍珠岩、泥炭土、多菌灵溶液、洒水壶、园艺枝剪、透明塑料袋。

4. 注意事项

（1）注意园艺枝剪的安全使用方法，低年级学生不得使用枝剪。

（2）蓝雪花扦插繁殖时间以晚春或者早秋为佳，注意控制生长温度。

（3）注意保湿，每隔2～3天给植株浇水一次，保持土壤湿润。

（4）扦插之后需要保证基质的微潮湿，可以用塑料薄膜覆盖进行保温保湿，需要在塑料膜上打3～4个孔透气，在阴凉的位置养护蓝雪花很快就可以生根，生根之后可以慢慢适应有阳光的环境。

任务实施

1. 分组和制订计划

3～5人分为一组，并任命组长和负责人。具体分工计划：剪取合适蓝雪花枝条并去除部分叶片，剪好的枝条底部蘸生根粉，用洒水壶给扦插好的蓝雪花浇水（首次浇水要浇透），给蓝雪花扦插盆栽套上塑料袋保湿，并用剪刀在上面戳3～5个小孔，搬运蓝雪花放置到光照充足处，完成后清理现场垃圾和残余树枝叶子，保持环境卫生整洁。

2. 劳动步骤

以小组为单位，共同完成蓝雪花枝条扦插繁殖劳动过程。蓝雪花枝条扦插劳动步骤见表1-11。

表1-11 蓝雪花枝条扦插劳动步骤

序号	步骤	劳动说明	劳动标准
1	规划方案	分组制订详细的蓝雪花扦插方案和具体实施步骤，明确成员间分工和劳动内容	方案完整，劳动步骤翔实，能够指导劳动操作
2	材料与工具准备	准备各环节需要的材料与工具	清点数量，摆放整齐

续表

序号	步骤	劳动说明	劳动标准
3	扦插基质配制	根据花盆大小，选择合适的量，将泥炭土和珍珠岩以4：1的体积比例配制，混匀	将基质按照比例混合均匀待用
4	插穗的准备	选用蓝雪花当年生的健壮嫩枝，将枝条剪成8~10厘米，剪掉底端叶子，保留2~3片顶端叶子。待学生完成操作后，教师用配制好的多菌灵溶液对伤口充分消毒（浸泡处理），并晾干	插穗长度和保留叶片合适
5	扦插	把准备好的基质装盆，把基质浇透，然后在土壤上面插几个小洞，将枝条蘸一下生根粉溶液，然后插到基质中，深度3~4厘米，插好后把周边基质轻轻压实，用透明的打孔塑料袋盖住插穗，使蓝雪花生长环境保温保湿	装盆的基质量合适，表面平整，扦插后插穗直立
6	工具与场所清理	完成种植后，清理现场，确保扦插场所干净有序	扦插场所整洁，工具整齐干净
7	后期生长管理	扦插结束后，将蓝雪花有序放到光照适中且通风处，每隔2~3天给植株浇水一次，保持充足的水分，每隔10天给它补充少量的生根剂，温度保持在20~28℃，定期观察和记录	光照、温度、水分环境适宜，注意观察蓝雪花枝条扦插后的生长情况，各小组成员完成观察日记，数据记录完整

3. 注意事项

（1）扦插成功标志　扦插植株成活之后，会长出新根系，且叶子坚挺。如果枝条扦插后，插穗发软，叶子耷拉、萎蔫，一般情况是扦插失败。

（2）移栽　蓝雪花在扦插之后，一般20~30天就会生根。养护情况好的话，会加快生根的速度。移栽蓝雪花时，需将其从旧盆中取出，并修剪掉植株上发黄、干枯的根系，露出根部白色的生长组织，再将蓝雪花栽种到腐叶土、粗砂和园土混合均匀后的土壤中。养护时注意，需要将蓝雪花放置在通风的半阴处，促使植株尽快生长。

4. 常见病虫害及其防治方法

根瘤线虫病用80%二溴氯丙烷乳油稀释液喷洒土面，介壳虫用25%亚胺硫磷乳油1000倍液加新高脂膜喷雾防治。

5. 发育期观察

蓝雪花扦插后生长现象描述见表1-12。

表1-12 蓝雪花扦插后生长现象描述

生长时期	生长现象描述
适应期	观察植株扦插成活率如何，植株叶片和枝条是否腐烂或干枯
成长期	观察植株新叶、新枝条、新根的生长情况

劳动实践评价

蓝雪花枝条扦插实践结束后，由组长组织小组进行讨论，充分听取大家的意见和建议，每人对自己的劳动态度、劳动质量、劳动结果进行自我评价，总结自己的劳动知识与技能、合作意识、沟通能力、吃苦耐劳精神等方面的感悟，最后教师进行总体评价。

蓝雪花枝条扦插实践评价见表1-13。

表1-13 蓝雪花枝条扦插实践评价

劳动评价（满分100分）	评价标准	成绩/分	
过程评价（20分）	认真听课，积极回答问题，主动配合小组成员共同完成任务，有良好的合作意识		
自我评价（20分）	积极主动，汲取新知识时间快，动手操作能力强，小组配合度高		
课程感悟（20分）	掌握蓝雪花枝条扦插方法并能够分享自己的心得体会		
观察日记（20分）	每周观察蓝雪花扦插后的生长情况，记录数据和描述生长现象		
成果展示（20分）	展示扦插成果，一个月后比较蓝雪花枝条扦插成活率和生长情况		
教师评价		合计	

蓝雪花枝条扦插后罩透明塑料袋保湿见图1-11，蓝雪花植株开花见图1-12。

图1-11　蓝雪花枝条扦插后罩透明塑料袋保湿

图1-12　蓝雪花植株开花

任务六　月季扦插

学习目标

知识目标

了解植物扦插繁殖的相关知识，掌握植物扦插繁殖的方法和技术要求。

技能目标

能根据月季扦插繁殖的特点，独立完成月季扦插繁殖相关工作，达到学会扦插、初步了解植物以及明晰月季生长条件的目的。

素养目标

了解月季美丽、快乐和充满爱意的“花语”精神文化，通过学习月季的花语，感受植物生命的力量，在劳动过程中培养发现生活美的能力和快乐工作的作风。

必备知识

中国是月季的原产地之一。月季被称为花中皇后，又称“月月红”，分类学上与玫瑰均属于蔷薇科、蔷薇属。月季是常绿、半常绿低矮灌木，四季开花，一般为红色或粉色，偶有白色和黄色，可作为观赏植物，也可作为药用植物。自然花期4～9月，花成大型，由内向外，呈发散型，有浓郁香气，可广泛用于园艺栽培和切花。月季的适应性强，耐寒、抗旱，不论地栽、盆栽均可。

不易产生种子的花卉，一般采用扦插繁殖的方法，因此，扦插繁殖是月季生产采用最多的繁殖方法之一。扦插繁殖的优点是能保持月季原品种的优良特性，成苗快，开花早，繁殖材料充足，产苗量大。

任务设计

1. 实践场所

春、夏季要求在阴凉的空地，秋、冬季可以选择在家庭阳台、学校基地温室等光照良好的地方实施。

2. 授课学时

1学时，其余有关记录的内容学生在课后进行自主观察记录。

3. 材料和工具

月季植株、椰糠（或粉碎秸秆、锯末等）、泥炭土、珍珠岩、生根粉、铁铲、小铲、花盆（或一个大盆）、剪刀、洒水壶（若在实验室进行，则要准备锥形瓶等实验器具）。

4. 注意事项

劳动前进行安全教育，注意剪刀和生根粉的使用安全。活动过程注意各个环节的技术操作要点，扦插后的管理期间，注意定期浇水。月季扦插的季节尽量不要选择冬季。

任务实施

1. 分组和制订计划

3～5人分为一组，并任命组长。小组成员共同讨论，制订月季扦插方案，根据成员个人优势协商确定任务分工。

2. 劳动步骤

以小组为单位，成员每人完成一次月季扦插劳动过程。月季扦插劳动步骤见表1-14。

表1-14 月季扦插劳动步骤

序号	步骤	劳动说明	劳动标准
1	规划方案	制订详细的月季扦插方案和具体实施步骤，明确成员间分工和劳动内容	方案完整，劳动步骤翔实，能够指导劳动操作
2	材料与工具准备	准备各环节需要的材料与工具	清点数量，摆放整齐
3	教师讲解和示范	教师讲解插枝选择，以及扦插的方法	学生明晰扦插的步骤和操作要点
4	种植基质和药品配制	将珍珠岩、蛭石、草炭土按体积比1：1：3混合配制，生根粉和多菌灵按包装背面说明选取所需的浓度配制	基质比例、生根粉和多菌灵浓度配制正确
5	月季扦插	将月季枝条下端斜剪，每个扦插枝条上要留3~5个侧芽，顶端叶片保留2~3片，并进行半叶法修剪。插穗用生根粉浸泡1分钟，将枝条以45°斜角插入配制好的种植基质中，使用多菌灵兑水浇透种植基质	扦插枝修剪合理，浸泡生根粉时需要足够时间，最后必须用多菌灵将种植基质浇透
6	日常管理	扦插后半个月放置于阴凉通风和散光处，可以适度晒阳光，适当提高湿度有利于成活率，2个月左右后移栽	防止暴晒，温度控制合理
7	工具与场所清理	完成种植后，清理现场，确保栽培场所干净有序	栽培场所整洁，工具整齐干净
8	扦插后管理	加强扦插后的管理，每天注意观察，记录月季存活情况以及芽分化的情况	水分供应充足，生长环境需适宜，注意扦插后的保水工作

3. 常见病虫害及其防治方法

主要病害：黑斑病、白粉病、霉霜病、锈叶病、根茎溃疡病、枯枝病。

主要虫害：蚜虫、蓟马、红蜘蛛、月季叶蜂。

每隔15~20天用多菌灵和吡虫啉喷施叶片和茎段防治病虫害。

4. 月季扦插后期观察和记录

对月季扦插后到成活的整个生长过程进行观察和记录，将月季扦插后的形态生长情况记录于表1-15中，将月季移栽后的植株生长状况记录于表1-16中。

表1-15　月季扦插后的形态生长情况

观察时间	根	叶	茎	成活状况

表1-16　月季移栽后的植株生长状况

观察时间	株高	芽数	植株整体情况

劳动实践评价

月季扦插繁殖实践结束后，由组长组织小组进行讨论，充分听取大家的意见和建议，每人对自己的劳动态度、劳动质量、劳动结果进行自我评价，总结自己在劳动知识与技能、合作意识、沟通能力等方面的感悟，最后教师进行总体评价。

月季扦插实践评价见表1-17。

表1-17　月季扦插实践评价

劳动评价（满分100分）	评价标准	成绩/分
过程评价（20分）	正确完成扦插过程，操作规范，团队协作良好	
自我评价（20分）	写出自己在学习扦插时的学习情况，对自己在实践步骤中的各个环节进行评价	
课程感悟（20分）	对课程中学到的知识，以及对实践操作的体会和总结	
观察日记（20分）	在表格中认真记录扦插后植物的生长状态	

续表

劳动评价（满分100分）	评价标准	成绩/分	
成果展示（20分）	按照学生扦插后植株的存活情况以及学生的认真程度打分		
教师评价		合计	

月季插穗剪枝见图1-13，月季枝条萌发情况见图1-14。

图1-13　月季插穗剪枝

图1-14　月季枝条萌发情况

任务七　合果芋分株繁殖

学习目标

知识目标

了解合果芋的形态和生长环境需求的相关知识，掌握合果芋分株繁殖的原理。

技能目标

能根据合果芋的繁殖特点，独立完成合果芋基质配制、植株分株繁殖和养护的相关技能。

素养目标

了解合果芋“坚强”的花语精神品质，学习碰到任何困难的情况下，也能保持积极乐观的人生态度。

必备知识

合果芋属于天南星科合果芋属，多年生常绿草本植物，原产于热带美洲地区。合果芋叶片颜色变化多端，叶片呈粉色、红色、黄色或镶嵌色彩等。合果芋茎节具气生根，攀附他物生长。叶片呈两型性，箭形或戟形；叶基裂片两侧常着生小型耳状叶片，开花的佛焰苞为浅绿或黄色。合果芋繁殖容易，栽培简便，特别耐阴，装饰效果极佳，作为一种观叶植物在世界各地广泛栽培。

分株繁殖多用于丛生性强的花灌木和萌蘖力强的宿根花卉，是繁殖花木的一种简易方法，其成活率高，成苗快。分株繁殖是将植株的某些特殊营养器官切离母体，培育成独立新植株的一种繁殖方法。在大多情况下，分株繁殖是有根小苗与母株分离，所以成活率高，但繁殖系数低。

任务设计

1. 实践场所

要求平整、无尘和潮湿环境，冬季可在温室移植，也可以在家庭阳台、学校基地实施。

2. 授课学时

1学时。

3. 材料和工具

成熟合果芋植株、椰糠（或粉碎秸秆、锯末等）、泥炭土、珍珠岩、微生物有机肥、铁铲、小铲、剪刀、花盆、洒水壶。

4. 注意事项

劳动前进行微生物肥和铁器农具的安全使用教育。劳动时注意各个环节的技术要点和日常管理，确保合果芋良好生长。生长管理期间，注意用肥用药安全。

合果芋属天南星科的植物，大部分天南星科的植物有一定毒性，合果芋的毒性主要表现在合果芋的根茎还有汁液中，若溅到人体皮肤上，会造成部分人皮肤瘙痒、红肿、过敏，请立即用大量清水清洗。注意不能误食，误食则可能导致腹泻、呕吐，请立即就医。

任务实施

1. 分组和制订计划

3～5人分为一组，并任命组长。小组成员共同讨论，制订合果芋分株繁殖劳动计划和方案，确定成员任务分工。

2. 劳动步骤

以小组为单位，成员共同完成一次合果芋分株繁殖劳动过程。合果芋分株繁殖劳动步骤见表1-18。

表1-18　合果芋分株繁殖劳动步骤

序号	步骤	劳动说明	劳动标准
1	规划方案	制订详细的合果芋分株繁殖方案和具体实施步骤，明确成员间分工和劳动内容	方案完整，劳动步骤翔实，能够指导劳动操作
2	材料与工具准备	准备各环节需要的材料与工具	清点数量，摆放整齐
3	种植基质配制	用椰糠、泥炭土、珍珠岩按照体积比3：3：1混合制成合果芋的基质，并装盆	完成合果芋基质的配制，混匀后放入小盆栽
4	分株和种植	先把母株从盆内脱出，抖掉根部大部分泥土，找出每个萌蘖根系的延伸方向，把盘结的团根分开，然后利用剪刀把分蘖苗和母株连接的根茎部分剪开，分株后修剪老叶和烂根。剪好的单株立即上盆栽植。每盆种植2～3株，单株的根与枝的数量相称得当，使整个植株保持平衡均匀，最后浇水后放荫棚下养护	学会分株处理，并把分出的合果芋小株种入盆栽中，加入配好的基质土，轻轻压实土并浇水
5	工具与场所清理	保持养护场所整洁，清洗工具，摆放整齐。晾干后可放在学校工具摆放处。完成种植后，清理现场，确保栽培场所干净有序	完成种植后，清理现场，确保栽培场所干净有序
6	生长期管理	加强生长期间的水肥管理、植株调整与病虫害防控，每天注意观察，记录合果芋生长情况	养分供应充足，生长环境适宜，注意绑蔓和病虫害防控，数据记录完整

3. 常见病虫害及其防治方法

常见病害：叶斑病、灰霉病。

常见虫害：蚧、粉虱、蓟马。

合果芋一般病虫害较少，可以采用多菌灵和吡虫啉混合液预防。

4. 生长期记录

合果芋分株后生长期现象描述见表1-19。

表1-19　合果芋分株后生长期现象描述

生长时期	生长现象描述
适应期	移植后，观察植株是否适应，移植成活率如何，是否出现浇水过多造成植株叶片腐烂，或浇水过少造成植株叶片萎蔫干枯
生长期	观察植株是否能够长出新叶、新根和新株。通过茎和叶片的生长，观察植株营养是否充分

劳动实践评价

合果芋分株繁殖实践结束后，由组长组织小组进行讨论，充分听取大家的意见和建议，每人对自己的劳动态度、劳动质量、劳动成果进行自我评价，总结自己的劳动知识与技能、合作意识、沟通能力、吃苦耐劳精神等方面的感悟，最后教师进行总体评价。

合果芋分株繁殖实践评价见表1-20。

表1-20　合果芋分株繁殖实践评价

劳动评价（满分100分）	评价标准	成绩/分	
过程评价（20分）	能完成合果芋分株繁殖的每一个环节		
自我评价（20分）	学生自我评价劳动的动手能力和学习熟练度		
课程感悟（20分）	总结课程实践过程和分株操作的感悟		
观察日记（20分）	观察并记录植株长势，包括叶片的颜色、植株生长的变化		
成果展示（20分）	观察植物叶片健康状况、植株挺拔程度和植株造型		
教师评价		合计	

合果芋盆栽见图1-15。

图1-15　合果芋盆栽

任务八　枸杞的枝条扦插

学习目标

知识目标

通过实践课程，学习枸杞的扦插知识和药用价值，掌握枸杞扦插的方法和技术要求。

技能目标

能根据枸杞的生产特点，独立完成扦插的各环节工作，从而掌握枸杞扦插技能。

素养目标

通过枸杞扦插劳动，了解枸杞的民族健康文化，增强健康意识。

必备知识

枸杞适合种植在年平均温度较高且光照充足的地方，宁夏是我国枸杞的著名产地。扦插枸杞时，宜在每年春季的3~4月进行。枸杞叶在广东是一种十分受欢迎的特菜，由于气候条件限制，在广东种植的枸杞并不适合以产果为主，而是以叶用为主。

枸杞多糖是一种水溶性多糖，是枸杞中最主要的活性成分。其中枸杞多糖有免疫调节和抗肿瘤的作用，现有很多研究表明枸杞具有促进免疫、抗衰老、抗肿瘤、清除自由基、抗疲劳、抗辐射、保肝、生殖功能保护和改善等作用。

枸杞根系发达，抗旱能力强，在干旱荒漠地区仍能生长。生产上为获高产，仍需保证水分供给，特别是花果期必须有充足的水分。光照充足能使枸杞枝条生长健壮，花果多，果粒大，产量高，品质好。枸杞可以生长在碱性土和砂质壤土，最适合在土层深厚、肥沃的壤土上栽培。长期积水的低洼地对枸杞生长不利，甚至引起烂根或死亡。

任务设计

1. 实践场所

枸杞扦插宜在温暖且阳光充足的校园农耕基地或花盆中实施。

2. 授课学时

2学时。

3. 材料和工具

新鲜粗壮的一年生枸杞枝条（15厘米长）、微生物有机肥、生根粉、锄头、枝剪、小铲、洒水壶、棉手套。

4. 注意事项

（1）劳动前进行铁铲和枝剪的安全使用教育，注意锋利刀具的使用，佩戴手套并注意枸杞茎刺对手的伤害，注意用肥用药安全。

（2）如果工作量大或天气炎热，询问和留意学生身体是否适合本次劳动实践。

任务实施

1. 分组和制订计划

3~5人分为一组，并任命组长。小组成员共同讨论，制订劳动目标和计划，根据成员个人优势协商确定任务分工。

2. 劳动步骤

以小组为单位，成员共同完成一次枸杞枝条扦插劳动过程。枸杞枝条扦插劳动步骤见表1-21。

表1-21　枸杞枝条扦插劳动步骤

序号	步骤	劳动说明	劳动标准
1	土地整理	各组准备工具和肥料，首先对基地进行除草。除草后，用锄头进行翻地，翻地深度为20厘米，每平方米土壤混合有机肥1千克，并起垄高20厘米，宽60～80厘米	工具准备充分，杂草清理干净，起垄整齐规范
2	插穗处理	将粗壮的一年生枸杞枝条修剪去除茎刺，枝条上端可以保留3～4片叶，在枝条下端的基部蘸取些许生根粉溶液，稍干10分钟后，准备扦插	去除茎刺，插穗修剪后摆放整齐，佩戴棉手套保护
3	扦插和保湿	扦插行距和株距为8～10厘米，扦插后用手轻轻压实泥土，浇透水。在枸杞定植期间也要保持土壤湿润。如无土地条件，可以利用花盆扦插	扦插整齐，行距和株距准确
4	工具与场所清理	完成种植后，清理现场，注意个人卫生，确保校园种植基地干净有序	清理现场，种植基地干净有序，工具摆放整齐
5	生长期管理	加强生长期间的水肥管理，每天分组专人观察，记录枸杞生长情况	出勤正常，记录清晰

劳动实践评价

枸杞枝条扦插实践结束后，由组长组织小组进行讨论，充分听取大家的意见和建议，然后老师组织分享环节，每组派出代表对自己的劳动态度、劳动质量、劳动结果进行自我评价，总结自己在劳动知识与技能、合作意识、沟通能力、吃苦耐劳精神等方面的感悟，最后教师进行总体评价。

枸杞枝条扦插实践评价见表1-22。

表1-22　枸杞枝条扦插实践评价

劳动评价（满分100分）	评价标准	成绩/分
过程评价（30分）	能够按步骤流畅操作，无错误操作，操作安全	
自我评价（20分）	能准确认识自己在该课程的优缺点，能很好地完成组内分配的任务	
观察日记（20分）	观察到位，记录好植株的生长情况，能够根据实际情况做好防护措施	
成果展示（30分）	枸杞枝条扦插良好，抽芽、长叶正常，后期生长茂盛	

续表

劳动评价（满分100分）	评价标准	成绩/分	
教师评价		合计	

枸杞去除茎刺枝条见图1-16，枸杞盆栽扦插见图1-17。

图1-16　枸杞去除茎刺枝条

图1-17　枸杞盆栽扦插

项目二　种植与收获

任务一　水稻插秧和种植管理

学习目标

知识目标

了解水稻在粮食中的生产地位，掌握插秧和种植管理的时间、气候要求、营养和病虫害防控。

技能目标

根据水稻的特点，掌握水稻不同方式的插秧和种植管理技术。

素养目标

学习水稻对国家战略和人们生活保障的重要性，培养珍惜粮食的习惯。同时，在对水稻的插秧和种植管理劳动过程中，培养积极主动的劳动态度，增强吃苦耐劳的精神。

必备知识

水稻是人类重要的粮食作物之一，耕种与食用的历史悠久。全世界有一半的人口食用稻米，主要分布在亚洲、欧洲南部和热带美洲及非洲部分地区。水稻的总产量占世界粮食作物产量的第三位，低于玉米和小麦，但它养活了全球无数人。

插秧，指将秧苗栽插于水田中，或指把水稻秧苗从秧田移植到稻田里。育苗的时候水稻比较密集，不利于生长，经过人工移植或机器移植，水稻有更多的生长空间。水稻的插秧方式有机插秧、手插秧和抛秧，插秧需要插得均匀，横竖排成一条线。

任务设计

1. 实践场所

要求阳关充足、开阔水稻田或水稻池，水稻为喜阳作物，避免树荫和建筑物遮挡。

2. 授课学时

3学时。

3. 材料和工具

水稻秧苗、50%代森铵、腐熟有机肥、尿素、钾肥、硫酸锌、铁铲、铁锹、黄色和蓝色吸虫板、驱鸟器。

4. 注意事项

（1）提前深翻土壤，稻田泡水3天以上，以泡烂土壤。

（2）水稻要求光照充足、空气和水的温度在17℃以上。

（3）一般插秧前2～3天，秧苗喷送嫁药、送嫁肥。

（4）劳动前进行安全教育，注意农具使用和肥料药品安全。劳动时注意各个环节的技术要点和日常管理，确保水稻良好生长。

任务实施

1. 分组和制订计划

4～6人分为一组，并任命组长。小组成员共同讨论，制订劳动目标和计划，协作配合完成插秧工作。

2. 劳动步骤

以小组为单位，成员共同完成一次水稻人工插秧劳动过程。水稻人工插秧劳动步骤见表2-1。

表2-1 水稻人工插秧劳动步骤

序号	步骤	劳动说明	劳动标准
1	规划方案	制订详细的水稻插秧方案和具体实施步骤，明确成员间分工和劳动内容	方案完整，劳动步骤翔实，能够指导劳动操作
2	材料与工具准备	准备各环节需要的材料和工具	清点数量，摆放整齐
3	整地耙田	清理杂草，将大块土壤敲碎，耙平土壤，放水2～3厘米	水田土地平整，秧田水层保持2～3厘米，不能有杂草、石头和大块土壤
4	分离秧苗	秧苗4～6叶期可用于插秧，需要左手拿着一把秧苗，右手从左手中分离3～4根秧苗	在分离的时候不能将秧苗的根系弄断太多或主茎折弯，以免秧苗存活率下降

续表

序号	步骤	劳动说明	劳动标准
5	插秧	用右手的拇指、食指和中指掐住秧苗的根部，掌心要朝向秧苗，再将根系直接插入泥中，深度为2～3厘米。插秧要求“稳、直”，行距20～25厘米，株距8～12厘米	动作规范，插苗直立性好，行距和株距规整均匀
6	工具与场所清理	完成插秧后，清理现场，确保栽培场所干净有序	水稻种植场所整洁，工具整齐干净
7	种植管理	3～4天秧苗返绿施复合肥一次，分蘖前期、孕穗期和灌浆期追施3次氮磷钾肥，并且在水稻乳熟期，喷洒磷酸二氢钾叶面肥。种植期间注意病虫害和水分管理，挂黄色和蓝色吸虫板，安装驱鸟器或防鸟网	养分供应充足，生长环境适宜，定期进行养分的补给和病虫害防控，管理记录完整

3. 插秧技术要点

（1）适时早栽插　田块整好后，达到最低气温12℃的栽插条件后，可以及时进行栽插，一般中稻、晚稻栽插越早越好，并尽量缩短栽插时间，利于促进早生快发，增加分蘖成穗，提高产量。

（2）插秧前秧田要保持2～3厘米水层　水层要均匀，防止水过深漂苗。栽插不宜过深。栽插深度保持2～3厘米为宜。

（3）根据品种属性，保持合理栽插密度　一般每亩（1亩≈667平方米）栽插1.3万～1.5万穴（每平方米22穴左右），每穴栽插3～4株秧苗。

（4）避免午间高温插秧　如果插秧时温度较高，蒸发量大，容易死苗，影响返青活棵，宜选择阴天或下午温度下降后栽插，以利返青早发。

4. 常见病虫害及其防治方法

常见病害：稻瘟病、纹枯病、白叶枯病。

常见虫害：三化螟、二化螟、稻纵卷叶螟、稻飞虱和稻蓟马。

防治方法：① 在病虫害防治上注重依靠病虫测报信息，将农业防治、物理防治、生物防治结合起来；② 使用中等毒性以下的植物源杀虫剂、杀菌剂、趋避剂和增效剂，如除虫菊素、鱼藤根、大蒜素、苦楝、川楝、印楝、芝麻素等；③ 释放寄生性的捕食天敌动物，如寄生蜂、捕食螨、蜘蛛及病原线虫等；④ 使用矿物源农药中的硫制剂、铜制剂；⑤ 使用微生物制剂，如苏云金杆菌、白僵菌、绿僵菌、春雷霉素等。

劳动实践评价

水稻插秧和种植管理实践结束后，小组进行讨论，充分听取对方的意见和建议，每人对自己的态度、结果进行自我评价，总结自己在劳动知识与技能、合作意识、沟通能力、吃苦耐劳精神等方面的感悟，最后由教师进行总体评价。

水稻插秧和种植管理实践评价见表2-2。

表2-2　水稻插秧和种植管理实践评价

劳动评价（满分100分）	评价标准	成绩/分	
自我评价（20分）	劳动过程中有思考讨论，以严谨科学的态度进行操作并确保步骤准确无误，各成员之间分工明确的同时互帮互助		
过程评价（20分）	正确使用工具，操作标准，秧苗栽插方法、种植管理和肥料配制正确，现场和工具清理干净，不留垃圾		
课程感悟（20分）	通过资料调查与询问相关专业老师，总结劳动过程中团结协作的精神感悟，以及水稻插秧和种植管理的感悟		
观察日记（20分）	详细记录秧苗的生长期与当天天气状况，以便随时掌握水稻叶龄的变化动态，结合水稻的实际生长情况开展水分管理、施肥管理、病虫害防控活动		
成果展示（20分）	结穗率高，穗粒饱满、肥大、不空壳，植株生长旺盛，基本无病害，谷粒基本无虫害，水稻脱粒去皮后米质优良		
教师评价		合计	

插秧后水稻生长情况见图2-1。

图2-1 插秧后水稻生长情况

任务二 水稻的收割

学习目标

知识目标

了解水稻收割的相关知识和注意事项，掌握水稻收割的方法和技术要求，以及晒谷和稻谷烘干方法。

技能目标

能根据水稻的长势和分布特点，掌握水稻的收割技术要领，学会水稻收割相关工作。

素养目标

在对水稻收割的劳动过程中，树立农产品粮食安全和珍惜粮食意识，培养热爱农业、吃苦耐劳、勤于思考、团结协作的精神。

必备知识

水稻是禾本科一年生水生草本，是人类重要的粮食作物之一，也是亚洲热带广泛种植的重要谷物，中国南方为主要产稻区，北方各省均有栽种。种下主要分为2个亚种，籼稻与粳稻。中国是世界上水稻栽培历史最悠久的国家，据浙江余姚河姆渡遗址发掘考证，早在六七千年以前这里就已大量种植水稻。

水稻根据播种时间又分为早稻、中稻和晚稻，不同地区的种植和收获季节不同，华南地区主要是以双季稻为主，海南为三季稻，华中、华北和华东地区主要为单季稻。华南地区的早稻播种时间常为3月上旬至4月初，插秧后生长期为90～120天，7月中旬至8月中旬收获；中稻播种时间常为4月中旬至5月底，生长期为120～150天，9月上旬至10月中旬收获；晚稻播种时间常为7月中旬至8月初，生长期为150～170天，成熟期偏晚，一般为11月中旬至12月初收获。

当稻穗垂下，金黄饱满，每穗谷粒颖壳95%以上变黄，可以开始收获。传统农耕时代，农民采用镰刀割水稻，利用打谷机使稻谷脱粒，收集的湿谷一般在太阳下晒4～5天，最后利用风车将空谷粒和杂质去除。现代农业生产中，利用收割机将稻穗卷入后，直接将稻穗与稻茎分离获得稻谷，最后采用大型烘干设备烘干稻谷。

任务设计

1. 实践场所

要求阳光充足、开阔的成熟的水稻田或水稻种植池。

2. 授课学时

3学时。

3. 材料和工具

镰刀、打谷机、蛇皮袋、草帽、手套、护目镜。

4. 注意事项

（1）教师示范镰刀的使用方法，并让学生课前演示练习。

（2）提前准备急救药箱，对意外割伤、蚊虫过敏、水稻叶片茸毛过敏、中暑等制订劳动教育安全方案。询问和观察学生身体是否适合实践活动。

（3）收获后稻谷需要立刻晾晒或烘干，避免稻谷发芽。

任务实施

1. 分组和制订计划

3人分为一组，并任命1人为组长。小组成员之间共同讨论，制订劳动目标、计划和任务分工。由组长总结计划操作，带领组员开展劳动，组长与各组员之间互相合作。

3人分工：1人使用镰刀收割水稻，1人进行水稻的搬运与整理，1人负责打谷和收集装袋。

2. 劳动步骤

以小组为单位，成员共同完成一次水稻收割劳动过程。水稻收割劳动步骤见表2-3。

表2-3 水稻收割劳动步骤

序号	步骤	劳动说明	劳动标准
1	规划方案	制订详细的水稻收割方案和具体实施步骤，明确成员间分工和劳动内容	方案完整，劳动步骤翔实，能够指导劳动操作
2	材料与工具准备	准备水稻收割所需要的工具，分组分片实施劳动	清点工具数量，摆放整齐
3	练习工具的使用	提前在网上观看水稻收割视频，熟悉水稻收割流程及方法，学习安全使用水稻收割工具，保障自身安全	熟悉水稻收割流程及工具使用
4	稻田放水	在水稻收割前的4～5天在稻田下游位置，使用锄头挖出田埂缺口，排干稻田中的水，注意观察天气，避免阴雨天排水	掌握排水时机、位置以及方法，要求水田干爽，脚不陷泥
5	水稻的收割和脱粒	分组进入稻田，按组分配收割区域，成“矩形”整行整列收割，收割时根据自己的手形酌情收割，抓住一把水稻后用镰刀对准水稻根部15厘米左右的部位收割，割下的水稻放平整。将收割完成的水稻捆成小捆，搬运至脱粒点。负责脱粒的学员佩戴护目镜，抓住水稻茎秆基部，将水稻的穗状部伸入脱粒机，脱粒完成。将脱粒后的水稻收集到蛇皮袋中，晒干或烘干	小组成员之间配合默契、有序。安全熟练使用镰刀、脱粒机。收割、搬运、脱粒过程尽量减少稻谷的损失。脱粒后的稻秆整齐放置
6	工具清理及场地的整理	将镰刀、手套、护目镜等工具用水清洗干净，晾干后摆放整洁。将稻秆收集成堆摆置于稻田中	工具摆放整洁，稻秆有序堆放

3. 成熟期记录

水稻成熟现象描述见表2-4。

表2-4 水稻成熟现象描述

器官	成熟现象描述
叶	叶片变黄
穗	穗黄，穗下垂
谷	95%以上谷壳变黄，米粒水分减少，籽粒变硬，不易破碎

劳动实践评价

水稻收割实践结束后，由组长组织小组进行讨论，充分听取各组员的意见和建议，让每人对自己的劳动态度、劳动质量、劳动结果进行自我评价，总结自己在劳动知识与技能、合作意识、沟通能力、吃苦耐劳精神等方面的感悟，谈谈在实践过程中的收获和心得体会，可谈谈自己在实践过程中的不足之处以及实践设计的欠缺之处，最后教师进行总体评价。

水稻收割实践评价见表2-5。

表2-5　水稻收割实践评价

劳动评价（满分100分）	课程标准	成绩/分
自我评价（20分）	充分认识工具的正确用法，熟知水稻收割的操作步骤；劳动过程认真；体会到劳动者的不易，懂得粮食的珍贵	
过程评价（20分）	正确且熟练地使用镰刀等工具，水稻收割和脱粒的步骤及操作准确无误，全程注意安全	
课程感悟（20分）	总结在劳动过程中学习到的知识，在劳动过程中遇到的问题及解决方法，以及在劳动过程中的体验和感悟	
观察日记（20分）	观察并记录水稻收割的详细步骤及方法，观察水稻谷穗和谷粒的状态	
成果展示（20分）	将收割完的水稻整理好，分析谷穗是否沉甸结实，谷粒是否饱满和颜色金黄	
教师评价		合计

成熟的谷粒和米粒见图2-2。

（1）成熟的谷粒

（2）米粒

图2-2　成熟的谷粒和米粒

任务三　大豆种植和管理

学习目标

知识目标

通过学习和实践，了解大豆种植的相关知识，掌握大豆生长的习性，了解大豆生长过程中病虫害的防治方法。

技能目标

能根据大豆生产特点，掌握大豆不同生长阶段的管理技术，独立完成大豆种植的相关工作。

素养目标

在学习大豆种植的过程中，体验劳动艰辛，培养珍惜劳动成果的品质。体验大自然的力量，思考人与自然的关系，从而养成尊重自然、敬畏自然的品质。

必备知识

大豆是豆科大豆属的一年生草本，高30～90厘米。大豆起源于中国，全中国普遍种植，在东北、华北、陕西、四川及长江下游地区均有出产，以长江流域及西南地区栽培较多，以东北大豆质量最优。大豆性喜暖，种子在10～12℃开始发芽（以15～20℃最适），生长适温20～25℃，开花结荚期适温20～28℃，低温下结荚延迟，低于14℃不能开花，温度过高植株则提前结束生长。种子发芽要求较多水分，开花期要求土壤含水量在70%～80%，否则花蕾脱落率增加。大豆在开花前吸肥量不到总量的15%，而开花结荚期占总吸肥量的80%以上。

任务设计

1. 实践场所

要求阳光充足、背风、无尘环境，冬季可以大棚种植，可以在家庭阳台、学校基地实施。

2. 授课学时

3学时。

3. 材料和工具

大豆种子、微生物有机肥、氮肥、磷肥、硫酸钾、铁铲、锄头、洒水壶。

4. 注意事项

劳动前进行安全教育，注意农具使用安全。劳动时注意各个环节的技术要点和日常管理，确保大豆良好生长。生长管理期间，注意用肥用药安全。工具及剩余材料需回收，如有损坏应统计上报教师。

任务实施

1. 分组和制订计划

5人分为一组，并任命组长。小组成员共同讨论，制订劳动目标和计划，协商确定任务分工。

2. 劳动步骤

以小组为单位，成员共同完成一次大豆种植和管理劳动过程。大豆种植和管理劳动步骤见表2-6。

表2-6 大豆种植和管理劳动步骤

序号	步骤	劳动说明	劳动标准
1	规划方案	制订详细的大豆种植方案和具体实施步骤，明确成员间分工和劳动内容	方案完整，劳动步骤翔实，能够指导劳动操作
2	材料与工具准备	准备各环节需要的大豆种子、工具	精选、晾晒种子，清点工具，摆放整齐
3	整地和起垄	选择灌排良好、土层深厚的土壤。锄头深翻土壤20厘米深，然后将肥料均匀撒施地面并翻入土，每平方米施用有机肥1~2千克、氮肥30克、磷肥15克、硫酸钾10克，也可用三元复合肥或大豆专用肥50克作为底肥。之后起垄60厘米宽，20厘米高，保留过道25厘米，起垄要求规整	翻耕深度合适，肥料用量准确，混合均匀，起垄规整
4	播种	当地温在15℃以上时就可以开始播种，株距15~20厘米，行距20~30厘米。穴播2~3粒种子，种植深度应在4~5厘米。其密度要根据大豆品种特性、水肥条件及栽培方式而定	种子不漏播，播种均匀，穴播深度合适，株距、行距恰当
5	浇水	将土地整平，然后浇水，使土壤充分吸水	浇水保持土壤湿润，避免水冲力过大
6	工具与场所清理	完成种植后，清理现场，确保栽培场所干净有序	栽培场所整洁，工具整齐干净
7	田间管理	加强生长期间的水肥管理、植株调整与病虫害防控，定期观察和记录大豆生长情况	养分供应充足，生长环境适宜，注意病虫害防控，观察记录完整

3. 田间管理

（1）常见病虫害及其防治方法 常见病害：根腐病、菌核病、晚疫病、早疫病、青枯病、灰霉病、灰斑病。常见虫害：蛴螬、红蜘蛛、菜青虫、蚜虫、粉虱、跳甲、斜纹夜蛾。

当出现斜纹夜蛾幼虫、跳甲、粉虱和蚜虫等害虫时，选用40%高效氯氰菊酯800倍液喷施。当出现灰霉病时，可以选用50%腐霉利可湿性粉剂800~1000倍液，或25%咪鲜胺乳油1000倍液喷洒防治。早疫病可以选用36%霜脲·百菌清可湿性粉剂1000倍液，或58%甲霜灵锰锌可湿性粉剂500倍液喷雾防治。当出现晚疫病时，可以选用29%戊唑·醚菌酯悬浮剂防治。

（2）杂草管理 播种前喷施除草剂进行大田封闭除草，如用氟乐灵、拉索等除草剂在播前进行土壤喷雾。播种后采用人工中耕除草，或大豆专用除草剂。

（3）叶面追肥和调控 在大豆开花、结荚期可根据大豆具体的情况进行适当追肥。如生长不良，可进行根外追肥。如果大豆在花期生长过于繁茂，且有倒伏倾向，可喷施多效唑、矮壮素等矮化壮秆剂，促进大豆矮化，平衡生长。

4. 生长期记录

大豆生长期现象描述见表2-7。

表2-7 大豆生长期现象描述

生长时期	生长现象描述
种植期	一般为3月中旬，要求气温在15℃以上播种
发芽期	大豆种子吸收水分达到种子质量的50%后开始发芽。大豆正常在种植后1周左右开始发芽，发芽时间主要取决于土壤湿度、土壤温度及种植深度情况。如果土壤干燥，会严重影响种子的发芽，可适当浇水促进发芽
出苗期和幼苗期	在大豆发芽后25天左右，作物高度能达到20厘米左右。此时大豆根系较浅，土壤湿度较低会使大豆生长缓慢，此阶段还需要注意病虫害防控和老鼠危害
分枝期	一般是在发芽后40天左右，这一时期大豆根瘤具有固氮功能，旺盛生长，长出分枝。分枝期是决定整个生育期植株健壮与否、分枝与开花多少的关键时期，与产量高低关系非常密切。此阶段还需要注意病虫害防控
开花期	在大豆发芽后50天左右，顶茎的芽体较为密集并开始形成花朵。开花期一般持续大约30天，此阶段气温过高和干旱会影响开花并导致籽粒数量减少
结荚期和成熟期	在大豆发芽后70～100天，结荚期出现旱情，会使结荚数量减少或大豆质量减轻，从而造成大豆减产

劳动实践评价

大豆种植和管理实践结束后，由组长组织小组进行讨论，充分听取大家的意见和建议，每人对自己的劳动态度、劳动质量、劳动结果进行自我评价，总结自己在劳动知识与技能、合作意识、沟通能力、吃苦耐劳精神等方面的感悟，谈谈在实践过程中的收获和心得体会，最后教师进行总体评价。

大豆种植和管理实践评价见表2-8。

表2-8 大豆种植和管理实践评价

劳动评价（满分100分）	评价标准	成绩/分
自我评价（20分）	劳动过程中有思考讨论，操作步骤准确无误	
过程评价（20分）	正确使用工具，全程参与实践，工具使用完清洗干净并摆放整齐，现场清理干净	

续表

劳动评价（满分100分）	评价标准	成绩/分	
课程感悟（20分）	总结劳动过程中学到的知识，遇到的问题及解决办法，以及心得体会		
观察日记（20分）	详细记录大豆的生长期，注意要记录当时的天气情况等外界因素		
成果展示（20分）	结果率高，果实饱满肥大，植株基本无病害，果实无虫害		
教师评价		合计	

大豆幼苗期生长情况见图2-3。

图2-3　大豆幼苗期生长情况

任务四　大豆收获和脱粒

学习目标

知识目标

了解收获大豆的相关知识，掌握收获大豆的方法和技术要求。

技能目标

能根据大豆收获的方法，独立进行大豆采集，达到培养兴趣、提高动手能力的目的。

素养目标

通过体验大豆收获，培养尊重劳动人民、珍惜劳动成果的思想，感悟农民的辛苦劳动。

必备知识

大豆起源于中国，中国学者大多认为其原产地是云贵高原一带，也有很多植物学家认为大豆是由原产中国的乌苏里大豆衍生而来的。现种植的栽培大豆是从野生大豆通过长期定向选择、改良驯化而成的。

大豆营养全面，含量丰富，其中蛋白质的含量比猪肉高2倍，是鸡蛋的2.5倍。大豆蛋白质的含量不仅高，而且质量好。大豆蛋白质的氨基酸组成和动物蛋白质近似，其中氨基酸比较接近人体需要的比值，所以容易被消化吸收。大豆可以加工成豆腐、豆浆、腐竹等豆制品，还可以提炼大豆异黄酮，是重要的生活和生产原料。

任务设计

1. 实践场所

学校种植基地。

2. 授课学时

2学时。

3. 材料和工具

镰刀、袋、包装绳、木槌、木棒。

4. 采收时间

南方大豆分为春播和夏播，一般春播多于夏播。春播于3月中下旬进行，收获期为6月下旬（农历五月）。夏播于8月进行，收获时间为11月下旬（农历十月）。

5. 注意事项

劳动前进行安全教育，注意剪刀的安全使用，注意不要被大豆的豆荚尖刺刺伤。

任务实施

1. 分组和制订计划

2人分为一组，小组成员共同讨论，制订目标和计划，根据成员个人优势协商确定任务分工。

2. 劳动步骤

以小组为单位，成员共同完成一次大豆收获和脱粒劳动过程。大豆收获和脱粒劳动步骤见表2-9。

表2-9 大豆收获和脱粒劳动步骤

序号	步骤	劳动说明	劳动标准
1	规划方案	制订详细的大豆收获、脱粒方案和具体实施步骤，明确成员间分工和劳动内容	方案完整，劳动步骤翔实，能够指导劳动操作
2	材料与工具准备	准备各环节需要的材料与工具	清点数量，摆放整齐
3	把握收获时期	大豆茎叶开始变黄、苗秆和豆荚已干并呈黄色至黑褐色时便可收获	茎、叶、秆和豆荚颜色判断准确
4	人工收获	在午前植株含水量高，不易炸荚时收割。割茬5~6厘米，不漏苗，不留底荚，去除烂荚。割倒的大豆应及时运回晾晒和脱粒	留茬高度适中，收获时避免籽粒散失
5	晾晒	收割后将豆棵十棵左右绑成一把，或摊开均匀，放阳光下晒干	绑把整齐，放铺规范，不宜过厚，晾晒干燥
6	脱粒和贮藏	豆秧晒干，用棍、棒槌敲打，使豆荚裂开而将籽粒脱出，去杂晒干后，放干燥、通风、阴凉处储存	棍、棒槌敲打力度均匀，入库的大豆保持干燥。保持场所整洁，工具整齐干净

劳动实践评价

大豆收获和脱粒实践结束后，小组内进行讨论，充分听取组员的意见和建议，每人对自己的劳动态度、劳动质量、劳动结果进行自我评价，总结自己在劳动知识与技能、合作意识、沟通能力、吃苦耐劳精神等方面的感悟，最后由教师进行总体评价。

大豆收获和脱粒实践评价见表2-10。

表2-10 大豆收获和脱粒实践评价

劳动评价（满分100分）	评价标准	成绩/分	
过程评价（25分）	正确完成大豆收获和脱粒的过程，及时清理现场环境		
自我评价（25分）	学生写出自己的学习情况以及在实践步骤中各个环节的自我评价		
课程感悟（25分）	总结在课程中学到的知识，对自己的合作意识、沟通能力等进行思考		
成果展示（25分）	大豆籽粒饱满干燥，无杂质和病虫害豆		
教师评价		合计	

任务五 玉米种植

学习目标

知识目标

了解玉米种植的相关知识，掌握玉米种植的方法和技术要求，在玉米生长过程中，学习其不同生长时期的肥水和病虫害管理知识。

技能目标

掌握播种前对种子温水浸种的处理方法，玉米种植的方法与技术，以及玉米生长期对水肥的需求。

素养目标

了解玉米作为粮食作物在国民生产中的重要性，体验粮食生产的艰辛和粮食的来之不易。

必备知识

玉米是禾本科的一年生草本植物，是世界三大粮食作物之一。玉米又名苞谷、苞米棒子、玉蜀黍、珍珠米等。玉米原产于中美洲和南美洲，是世界重要的粮食作物之一，广泛分布于美国、中国、巴西和其他国家。与传统的水稻、小麦等粮食作物相比，玉米具有很强的耐旱性、耐贫瘠性，以及极好的环境适应性。

玉米的营养价值较高，是优良的粮食作物。作为中国的高产粮食作物，玉米是畜牧业、水产养殖业等的重要饲料来源，也是食品、医疗卫生、轻工业、化工业等不可或缺的原料之一。由于玉米资源极为丰富、廉价且易于获得，它还具有许多生物活性，如抗氧化、抗肿瘤、降血糖、提高免疫力和抑菌杀菌等，因此其具有广阔的开发及应用前景。

玉米播种后，发芽需要15℃以上，不同地区种植时间不同。华南地区可以3月播种，部分温带的地区为4～5月底播种，早春设施栽培可以在2月底开始播种或育苗。玉米是喜肥水、好温热、需氧多、怕涝渍作物，过酸、过黏和贫瘠的土地会使玉米生长不良，因此，种植地最好以排灌方便、便于管理、pH在5.5～7、肥力中等以上的壤土或砂壤土为宜。

任务设计

1. 实践场所

玉米耐阴性差，要求阳关充足、土质松软、温度和湿度适宜的种植基地。

2. 授课学时

2学时。

3. 材料和工具

玉米种子、有机肥、有机质（椰糠、草炭，或发酵后的落叶、木屑）、铁铲、小铲、锄头、盆、洒水壶、塑料薄膜（或落叶、干稻草）。

4. 注意事项

（1）播种前1天进行种子消毒和催芽处理。

（2）种植管理期间安排专人负责浇水、施肥、除草和病虫害管理。

（3）注意劳动安全，注意用肥用药和工具使用安全。

任务实施

1. 分组和制订计划

小组成员共同讨论，制订劳动目标和计划，协商确定任务分工。

2. 劳动步骤

以小组为单位，成员共同完成一次玉米种植劳动过程。玉米种植劳动步骤见表2-11。

表2-11 玉米种植劳动步骤

序号	步骤	劳动说明	劳动标准
1	规划方案	制订详细的玉米种植方案和具体实施步骤，明确成员间分工和劳动内容	方案完整，劳动步骤翔实，能够指导劳动操作
2	材料与工具准备	准备各环节需要的材料和工具	清点数量，摆放整齐
3	土壤改良和施用基肥	用锄头将土壤翻耕后，每平方米均匀撒2～3千克有机质（椰糠、草炭，或发酵后的落叶、木屑）和1千克有机肥，将基质和有机肥均匀翻入土壤	翻耕深度20厘米，有机质、有机肥与土壤混合均匀
4	种子处理	用50～55℃的温水浸种10～15分钟，冷却后常温浸种6～8小时或保湿12小时，然后用清水冲洗1～2次即可用于播种	种子提前浸种，浸种温度和时间控制准确
5	种植方法	起垄高30厘米、宽90厘米。选择株距35厘米、行距40厘米、双行种植方式。种子穴播2粒，深度为2～3厘米，播种后浇透土壤。种植前可覆盖打孔地膜，或种植完成后覆盖落叶或稻草保湿防草	起垄规格合理美观，种植的株距、行距和穴播深度准确
6	工具与场所清理	完成种植后，清理现场，清洗工具后摆放回原位，确保种植场所干净有序	栽培场所整洁，工具整齐干净
7	生长期管理	做好生长期间的补苗间苗、水肥管理、病虫害防控等，定期观察记录玉米生长情况	生长环境适宜，养分供应充足，病虫害防控好，记录完整

3. 常见病虫害及其防治方法

常见病害：大小叶斑病、锈病、纹枯病等。

常见虫害：玉米螟、黏虫、玉米蚜、棉铃虫、地老虎等。

用多菌灵、甲基托布津等进行病害控制，用阿维菌素和吡虫啉等进行虫害控制，病虫害以防控为主。

4. 生长期记录

玉米生长期现象描述见表2-12。

表2-12 玉米生长期现象描述

生长时期	生长现象描述
幼苗期	从玉米出苗到幼苗期长出2～3片叶子这段时间，大概需要10天
苗期	玉米幼苗到拔节的阶段，此阶段需光照充足、雨水充足、施肥及时，同时注意叶片害虫
拔节期	玉米茎迅速伸长的阶段，本阶段玉米水肥需求量大，病虫害活动活跃，此阶段需要开展除草、施肥、除蘖和打药等管理
穗期	拔节到抽雄阶段，穗期是玉米的生长过程中较为重要的时期，是植株营养生长和生殖生长并进的阶段。水果玉米留1～2个果穗，及时摘除多余果穗，糯玉米可以保留多个果穗
花粒期	抽雄到成熟之前的阶段，此阶段雄花首先开花散粉，果穗吐丝，由蜜蜂和风助力完成授粉，若授粉不良或营养不良则造成玉米空粒现象，玉米开花期间禁止打药危害蜜蜂。开花和长粒时期水肥和光照充足，有利于玉米果穗和籽粒饱满。该阶段的工作是除草、浇水和施肥
成熟期	成熟的玉米苞叶略微枯黄或者果穗花丝干枯，表明玉米进入成熟期，可以安排采摘

注：玉米的生育期较短，不同品种、天气和季节会影响玉米生育期，一般从播种到收获是80～130天。

5. 成果展示

玉米成熟后，组员可共同分享种植成果或开展义卖活动，也可自行分配或进行同学间成果分享。

劳动实践评价

玉米种植实践结束后，由组长组织小组进行讨论，充分听取大家的意见和建议，每人对自己的劳动态度、劳动质量、劳动结果进行自我评价，总结自己在劳动知识与技能、合作意识、沟通能力、吃苦耐劳精神等方面的感悟，最后教师进行总体评价。

玉米种植实践评价见表2-13。

表2-13 玉米种植实践评价

劳动评价（满分100分）	评价标准	成绩/分
过程评价（20分）	认真积极参与种植和管理的全过程	
自我评价（20分）	掌握玉米种植的方法与技术，种植全程积极参与，有合作意识，吃苦耐劳，有沟通能力	

续表

劳动评价（满分100分）	评价标准	成绩/分	
课程感悟（20分）	课程感悟记录工整，字迹清晰，有积极真实的感悟		
观察日记（20分）	有种植全记录，详细记录生长情况，有病虫害记录，日期记录完整		
成果展示（20分）	玉米长势良好，玉米粒饱满，结果率高		
教师评价		合计	

玉米生长情况见图2-4，玉米果穗见图2-5。

图2-4　玉米生长情况

图2-5　玉米果穗

任务六　马铃薯秋季种植

学习目标

知识目标

了解秋种马铃薯的发展历史、食用价值和营养的相关知识。

技能目标

能根据马铃薯秋季种植的生产特点，掌握秋种马铃薯各个阶段所需的准备工作和管理技术，具备独立完成秋季种植马铃薯相关工作的能力，提高农业技术水平。

素养目标

学习马铃薯对粮食安全，以及发展中国家发展马铃薯种植的重要意义。马铃薯是农村致富的重要作物，了解马铃薯的经济价值，以及和水稻轮作的生态意义。

必备知识

马铃薯的人工栽培最早可追溯到大约公元前8000年到公元前5000年。马铃薯起源于秘鲁南部，随着西班牙征服印加帝国，在16世纪下半叶被西班牙人带回到欧洲传播。马铃薯早期作为奇花异草观赏，到了19世纪欧洲人口膨胀时期，才成为重要的食物和农作物。马铃薯在1700年至1900年间，至少造成旧大陆四分之一的人口增长，促进了欧洲的城市化过程。马铃薯从何时、何地传入中国，尚难确切断定。根据陕西省兴平县县志和1700年修的福建省松溪县县志的记载，16世纪至19世纪时已分别由西北和华南通过多种途径传入中国。根据明朝的记载和著述，也有学者认为早在16世纪的明朝万历年间，马铃薯就传入中国。

马铃薯块茎含有多种维生素和无机盐，可防止坏血病，刺激造血机能；无机盐对人的健康和幼儿发育成长都是不可缺少的元素，有利于保护心脑血管健康，促进全身健康。马铃薯的营养成分丰富而齐全，其丰富的维生素C（抗坏血酸）含量远远超过其他粮食作物；其较高的蛋白质、糖类含量又大大超过一般蔬菜。马铃薯产量高、营养丰富，是粮、菜、饲、工业原料兼用的农作物。在食品加工业中，以马铃薯为原料，可加工成各种速冻方便食品和休闲食品，如脱水制品、油炸薯片、速冻薯条、膨化食品等。

任务设计

1. 实践场所

要求阳光充足，可大棚种植，或在家庭阳台、学校种植基地种植，南方秋天种植时选择无霜区。种植土地要求土层深厚松软，排水良好。

2. 授课学时

2学时。

3. 材料和工具

马铃薯块、赤霉素、沙床、有机肥、全营养元素肥、铁铲、小铲、种植槽、洒水壶、黄色和蓝色吸虫板。

4. 注意事项

劳动前进行安全教育，注意农具使用安全。劳动时注意各个环节的技术要点和日常管理，确保马铃薯良好生长。生长管理期间，注意用肥用药安全。

任务实施

1. 分组和制订计划

3～5人分为一组，并任命组长。小组成员共同讨论，协商确定任务分工。

2. 劳动步骤

以小组为单位，成员共同完成一次马铃薯种植劳动过程。马铃薯种植劳动步骤见表2-14。

表2-14　马铃薯种植劳动步骤

序号	步骤	劳动说明	劳动标准
1	规划方案	制订详细的马铃薯种植方案和具体实施步骤，明确成员间分工和劳动内容	方案完整，劳动步骤翔实，能够指导劳动操作
2	材料与工具准备	准备各环节需要的材料与工具	清点数量，摆放整齐
3	催芽	将薯块带皮切成50克左右的小薯块，播种前一周将种薯放入5毫克每升的赤霉素溶液中，浸泡5分钟，捞出后放到阴凉有散射光的地方晾干和绿化。2～3天后沙床催芽，芽1～2厘米长时取出	催芽方法正确，晾干时间足够
4	种植	每平方米土壤施入1千克有机肥和全营养元素肥，选择种植行距为40厘米，株距为30厘米。薯块穴播，采用刀口切面朝下、茎芽朝上的浅培方法	株距、行距准确，种植穴排列整齐，薯块放置方向准确
5	中耕培土	齐苗后到现蕾封垅前，中耕培土2～3次，施肥和防除杂草	定期管理
6	工具与场所清理	完成种植后，清理现场，确保栽培场所干净有序	栽培场所整洁，工具整齐干净

3. 注意事项

马铃薯性喜冷凉，不耐高温，生长温度在15～26℃为宜，光照充足有利于块茎产量和淀粉含量升高。马铃薯要求湿润，避免干旱和土壤湿度过高，高温、多雨和田间积水时易引起烂薯，影响出苗及植株生长。土壤要求表土层深厚、结构疏松、排水通气良好和富含有机质。马铃薯的生长发育需要十多种营养元素，对肥料三要素的需求，以钾最多，氮次之，磷最少。

4. 常见病虫害及其防治方法

马铃薯病虫害的具体表现及处理方法见表2-15。

表2-15 马铃薯病虫害的具体表现及处理方法

病害或虫害	具体表现	处理方法
晚疫病	被浸染的块茎最初出现褐色小斑点，之后扩大为凹陷的暗褐色不规则病斑。病害严重时，病叶枯死脱落	用58%的甲霜·锰锌50克左右兑水30千克喷雾防治
早疫病	叶片染病，出现近圆形黑褐色病斑。块茎染病，产生暗褐色稍凹陷圆形或近圆形病斑，边缘分明，薯肉出现褐色海绵状干腐	发病初期，喷施保护性杀菌剂，如丙森锌等药剂1～2次。发病较重时，用啶酰菌胺等药剂防治，隔7～10天喷一次，连喷2～3次。
白绢病	薯块上密生白色丝状菌丝，并有棕褐色圆形菜籽状小菌核	腐霉利等拌土撒施于茎基部，隔7～10天施1次
二十八星瓢虫	成虫、幼虫在叶背面剥食叶肉，只留下表皮，形成很多不规则半透明的食痕	及时清理病株并深埋，消灭幼虫和卵。或用药剂氯氰菊酯、菊马乳油等
地老虎	主要危害马铃薯的幼苗，在贴近地面的地方把幼苗咬断，使整棵幼苗死亡	小面积内可用麸皮、豆饼炒香，再用适量敌百虫拌匀，再适量加水保持饵料微潮。每亩撒施2千克。地老虎吃毒饵后会死亡

5. 生长期记录

马铃薯生长期现象描述见表2-16。

表2-16 马铃薯生长期现象描述

生长时期	生长现象描述
发芽期	从块茎上的芽开始萌发到幼苗出土是发芽期，一般为10～15天
幼苗期	出土半个月左右形成12～16片叶，一般为15～30天
器官形成期	顶芽进入孕蕾期，地上部分出现花蕾，地下茎的顶端开始膨大。块茎数目增加。盛花到茎叶衰退，是块茎快速增长的时期和需水肥最多的时期

续表

生长时期	生长现象描述
成熟期	开花结果结束，下部叶片开始枯黄，块茎成熟
休眠期	因品种而异，短则一两个月，长则可达3个月以上。休眠期越长，块茎越耐贮存

劳动实践评价

马铃薯秋季种植实践结束后，由组长组织小组进行讨论，充分听取大家的意见和建议。请本次活动中的教师和学生对自己的操作、态度、结果进行自我评价。学生主要对自己的劳动态度、劳动效率、劳动参与度、劳动成果进行自我评价，总结自己在精神方面的感悟，如是否理解劳动课程的意义、体会到劳动的价值，谈谈在此过程中的收获和心得体会。教师进行自我评价，如是否错误传授知识、在劳动教育时场面是否混乱、对学生关注度是否足够多、是否注意安全、是否产生新的灵感、如何优化方案。最后教师进行总体评价和总结，也可以组织学生开展一次劳动分享会。

马铃薯秋季种植实践评价见表2-17。

表2-17 马铃薯秋季种植实践评价

劳动评价（满分100分）	评价标准	成绩/分	
自我评价（20分）	劳动过程中有自主思考，积极与他人讨论，检查自己的操作步骤是否准确		
过程评价（20分）	学会正确安全使用工具，工具使用完清洗干净并摆放整齐，种植步骤处理正确，主动清理干净现场		
课程感悟（20分）	在学习过程中，遇到的问题会提供解决办法。有心得体会，对劳动的价值有深刻理解		
观察日记（20分）	记录马铃薯的生长期发育状况，记录天气情况，观察是否出现植株病害，及时处理特殊情况，及时施药治疗病害		
成果展示（20分）	种植时植株基本无病害，收获后对各组马铃薯块茎的大小和产量进行比较，并评选出各组最大的马铃薯		
教师评价		合计	

任务七　水果黄瓜的栽培

学习目标

知识目标

了解水果黄瓜栽培的相关知识，区分水果黄瓜和普通黄瓜的不同，掌握水果黄瓜种植的方法以及技术。

技能目标

能根据水果黄瓜的生长习性，独立完成栽培的相关工作，掌握提高品质和增加产量的栽培技能。

素养目标

通过水果黄瓜的栽培，培养通过劳动获得成果回报的思想。

必备知识

水果黄瓜属于葫芦科黄瓜属。与普通黄瓜相比，水果黄瓜果实表面无刺，表皮柔嫩、光滑、色泽均匀，长度12～15厘米，直径3厘米左右，是普通黄瓜的缩小版。水果黄瓜的营养价值丰富，富含蛋白质、糖类、维生素B_2、维生素C、维生素E、胡萝卜素、烟酸、钙、磷、铁等营养成分，具有除热、利尿、清热解毒的功效；主治烦渴，咽喉肿痛，火眼，火烫伤，还有减肥功效。水果黄瓜是新兴的蔬菜品种，可生食，其所开的花全部或绝大多数都是雌花，而无雄花或只有少数雄花，雌花可以不经授粉受精就完成果实发育，但并不形成发育完全的种子。

水果黄瓜春、秋季节种植效果较好。在进行栽培前应当做好品种的选择工作，选种时，以耐低温、抗病害能力强的优良品种为主。

任务设计

1. 实践场所

要求阳关充足的环境，可以在家庭阳台、学校基地实施，在温室大棚种植更佳。

2. 授课学时

4学时。

3. 材料和工具

水果黄瓜幼苗、草炭营养土、蛭石、腐熟有机肥、铁锹、小铲、种植槽、洒水壶、种植支架、绳子。

4. 注意事项

劳动前进行安全教育，注意农具使用安全。劳动时注意各个环节的技术要点和日常管理，确保水果黄瓜良好生长。生长管理期间，注意用肥用药安全。

任务实施

1. 分组和制订计划

3～5人分为一组，并任命组长。小组成员共同讨论，制订劳动目标和计划，根据成员个人优势协商确定任务分工。

2. 劳动步骤

以小组为单位，成员共同完成一次水果黄瓜栽培劳动过程。水果黄瓜栽培劳动步骤见表2-18。

表2-18　水果黄瓜栽培劳动步骤

序号	步骤	劳动说明	劳动标准
1	规划方案	在老师的指导下制订详细的水果黄瓜种植方案和具体实施步骤，明确成员间各自分工和劳动内容	方案完整，劳动步骤翔实，能够指导劳动操作
2	材料与工具准备	准备好各环节需要的材料与工具	清点数量，摆放整齐
3	种植基质配制	将草炭营养土和蛭石按体积比2：1混匀，再加入5%～10%的腐熟有机肥	将基质按照比例混合均匀
4	幼苗筛选	挑选幼苗，要求叶片深绿色，子叶离根系3～5厘米，茎宽1.5～3厘米，植株有3～4片真叶	去掉叶片较薄、茎秆纤细、徒长等不良的幼苗，保留长势好的幼苗
5	栽种	将种植槽内基质整平，浇透水使基质充分吸水。将水果黄瓜幼苗移栽至种植槽中，每个槽内种植一行，株距40厘米，幼苗定植后，浇水浇透保持土壤湿润	基质整平，水分吸收充足，种植苗直立，株距合适

续表

序号	步骤	劳动说明	劳动标准
6	搭架和绑苗	搭建2米左右高的人字形架：在离黄瓜3厘米左右的地方，将种植支架插入土中20厘米左右。架子搭好后，当黄瓜苗长出约5片真叶时，用吊绳及时绑苗引蔓上架，防止倒伏	搭架美观，绑苗及时
7	工具与场所清理	完成种植后，清理现场，清洗工具后摆放整齐，确保栽培场所干净有序	栽培场所整洁，工具干净、摆放整齐
8	生长期管理和记录	加强生长期间的水肥管理、植株调整与病虫害防控。小组成员轮流每天注意观察，记录水果黄瓜生长情况	养分供应充足，生长环境适宜，注意绑好藤蔓和病虫害防控，以及数据记录完整

3. 常见病虫害

常见病害：猝倒病、立枯病、灰霉病、霜霉病。

常见虫害：蚜虫、斑潜蝇、果实蝇。

4. 生长期记录

水果黄瓜生长期现象描述见表2-19。

表2-19　水果黄瓜生长期现象描述

生长时期	生长现象描述
发芽期	种子从播种下以后到出现第一个嫩芽的时期，整个时期大概4~5天
幼苗期	从第一片真叶显露到显现大花蕾这段时间为幼苗期，在适宜温度下幼苗期一般需要40~50天
初花期	从黄瓜盛开第一朵小花到长出第一根小黄瓜的时期，大概25天
结果期	黄瓜不断生长的过程，果实由绿转黄绿，大概30~60天

劳动实践评价

水果黄瓜栽培实践结束后，由组长组织小组进行讨论，充分听取大家的意见和建议，每人对自己的劳动态度、劳动质量、劳动结果进行自我评价，总结自己在劳动知识与技能、合作意识、沟通能力、吃苦耐劳精神等方面的感悟，最后教师进行总体评价。

水果黄瓜栽培实践评价见表2-20。

表2-20　水果黄瓜栽培实践评价

劳动评价（满分100分）	评价标准	成绩/分	
过程评价（20分）	能根据要求完成劳动过程，操作过程中认真仔细，工具使用后清洗干净并放回原位		
自我评价（20分）	根据栽培过程中的表现自我评价，评价标准包括上课细心认真，配合小组内安排，积极参与劳动		
课程感悟（20分）	发表对本次实践活动的收获和感想，能独立思考，联系实际		
成果展示（20分）	生长阶段营养充足、无病虫害，果实成熟时，水果黄瓜生长好，外观品相好		
观察日记（20分）	能详细记录水果黄瓜的生长周期、生长特征、管理操作等		
教师评价		合计	

水果黄瓜雌花见图2-6，水果黄瓜幼果见图2-7。水果黄瓜成年苗见图2-8，成熟水果黄瓜见图2-9。

图2-6　水果黄瓜雌花

图2-7　水果黄瓜幼果

图2-8　水果黄瓜成年苗

图2-9　成熟水果黄瓜

任务八　彩椒大棚栽培

学习目标

知识目标

了解大棚蔬菜种植技术的相关知识，掌握彩椒大棚栽培的方法和技术要求。

技能目标

能根据彩椒的生产特点，学习彩椒种植的技术，独立完成大棚栽培相关的日常生产管理工作。

素养目标

通过彩椒的大棚栽培，养成赏食两用蔬果种植的爱好，通过彩椒颜色的变化培养探究精神。

必备知识

彩椒是由原产地南美洲热带地区的辣椒经长期驯化栽培，以及育种学家利用常规杂交育种技术培育出的品种，由于果皮中的叶绿素、花青素、类胡萝卜素和类黄酮的比例不同从而产生不同的颜色。彩椒种子发芽的适宜温度为15～30℃，生育最适温度为白天27～28℃、夜间18～20℃。彩椒对光照长短和光照强度的要求不严格，只要温度适宜，一年四季均可栽培。

大棚蔬菜种植技术是一种比较常见的技术，大棚具有较好的保温性能，能种植反季节的蔬菜。在一般情况下，大棚都采用竹与钢为主的结构骨架，然后在上面覆盖上一层或多层保温塑料薄膜，塑料薄膜可以有效减少蔬菜生长过程中产生的二氧化碳流失，以达到大棚内需要的保温效果，这样的结构就形成一个完整的人工温室空间。

大棚蔬菜种植要科学地选择栽培方式，消除制约蔬菜生长的因素，科学管理。做到平整土地、平衡施肥、搭建合理的棚型结构、选择抗菌品种、合理利用“棚气”、调控温湿度、膜下滴灌浇水、科学打药治病等技术，才能有效提升大棚蔬菜的产量，增加经济效益。

任务设计

1. 实践场所

温室或种植大棚。

2. 授课学时

2学时。

3. 材料和工具

品种优良的彩椒种子、1%高锰酸钾溶液、湿布、培养皿、地膜、复合肥料、腐熟鸡粪、膨化鸡粪、过磷酸钙、铁铲若干、锄头、剪刀、穴盘（72孔穴）。

4. 注意事项

劳动前进行安全教育，注意农具使用安全。劳动时注意各个环节的技术要点和日常管理，确保彩椒良好生长。生长管理期间，注意浇水追肥、用肥用药安全等。

任务实施

1. 分组和制订计划

3~5人分为一组，并任命组长。小组成员共同讨论，制订劳动目标和计划，根据成员个人优势协商确定任务分工。

2. 劳动步骤

以小组为单位，成员共同完成一次彩椒大棚栽培劳动过程。彩椒大棚栽培劳动步骤见表2-21。

表2-21　彩椒大棚栽培劳动步骤

序号	步骤	劳动说明	劳动标准
1	规划方案	制订详细的彩椒大棚栽培方案和具体实施步骤，明确成员间分工和劳动内容	方案完整，劳动步骤翔实，能够指导劳动操作
2	材料与工具准备	准备各环节需要的材料与工具	领用和清点工具数量，摆放整齐

续表

序号	步骤	劳动说明	劳动标准
3	种子处理	将种子用1%高锰酸钾溶液浸泡20分钟，捞出洗净后再用清水浸种10小时，然后将处理好的种子用湿布包好，放在30℃左右的温度下催芽，每天用清水冲洗2次，2～3天后有50%的种子露白后即可播种	用高锰酸钾溶液浸泡的时间不能过长或过短；种子处理后要每天观察露白程度
4	播种	将园土和腐熟有机肥按8：2的体积比混合均匀，每立方米混合园土中还需加入腐熟鸡粪10～15千克，过磷酸钙2千克。配制好混合园土后，其中2/3铺在苗床上并浇透水，将种子均匀撒在苗床上，再将其余的1/3床土盖在种子上。播种后在床面覆一层地膜以保持床土湿润。播种前，苗床用福尔马林稀释液消毒可防止苗期病害	园土和腐熟有机肥混合的比例要精确，覆完地膜后要注意用土压住，防止地膜被风掀开
5	定植	整地施肥：结合整地每亩施膨化鸡粪1000千克。 定植：定植时每畦栽2行，按40厘米的株距在畦上“错位挖穴”“坐水稳苗”，每亩定植1800株，定植深度以地面与子叶相平或稍深为宜	彩椒根系既不耐旱又不耐涝，整地要求比较严格，定植前应精细整地作畦。一般做成宽160厘米、畦高25厘米的垄畦，两畦间沟宽20厘米
6	工具与场所清理	完成种植后，清理现场，确保栽培场所干净有序	栽培场所整洁，工具整齐干净
7	生长期管理	加强生长期间的水肥管理、植株调整与病虫害防控，每天注意观察，记录彩椒生长情况	养分供应充足，生长环境适宜，注意绑蔓和病虫害防控，数据记录完整

3. 常见病虫害及其防治方法

彩椒病害主要是病毒病和疫病。病毒病可用20%防病毒可湿性粉剂500倍液喷雾防治。疫病可用72.2%普力克或50%甲霜铜灌根防治。彩椒虫害主要有蚜虫和菜青虫，可用10%吡虫啉及1.8%阿维菌素喷雾防治。

4. 生长期记录

彩椒生长期现象描述见表2-22。

表2-22 彩椒生长期现象描述

生长时期	生长现象描述
发芽期	从种子发芽到第一片真叶出现为发芽期，一般为10天左右

续表

生长时期	生长现象描述
幼苗期	从第一片真叶出现到第一个花蕾出现为幼苗期。需50～60天。幼苗期分为两个阶段：2～3片真叶以前为基本营养生长阶段，4片真叶以后，营养生长与生殖生长同时进行
开花坐果期	从第一朵花现蕾到第一朵花坐果为开花坐果期，一般为10～15天。此时期主要通过控制水肥、划锄等措施调节生长与发育，达到生长与发育均衡
果实转色期	在这一时期，果实的颜色开始转变，从绿色逐渐转变为红色、紫色、黄色等成熟颜色
结果期	从第一个彩椒坐果到收获末期属结果期，此时期经历时间较长，一般为50～120天结果期以生殖生长为主，并继续进行营养生长，需水需肥量很大。此时期要加强水肥管理，创造良好的栽培条件，促进秧果并旺，连续结果，以达到丰收的目的
衰老期	结果后期为辣椒的衰老期，表现为叶片大量枯黄，苗势弱，果实产量逐渐减少

劳动实践评价

彩椒大棚栽培实践结束后，由组长组织小组进行讨论，充分听取大家的意见和建议，每人对自己的劳动态度、劳动质量、劳动结果进行自我评价，总结自己在劳动过程中的体会和经验，以及在劳动知识与技能、合作意识、沟通能力、吃苦耐劳精神等方面的感悟，最后教师进行总体评价。

彩椒大棚栽培实践评价见表2-23。

表2-23 彩椒大棚栽培实践评价

劳动评价（满分100分）	评价标准	成绩/分	
过程评价（20分）	正确使用工具，清理干净现场		
自我评价（20分）	活动有始有终，成果突出，及时总结交流和评价，学有所获		
课程感悟（20分）	体会到劳动的快乐并领悟劳动最光荣的新时代思想		
观察日记（20分）	详细记录彩椒的发芽期、幼苗期、开花坐果期、果实转色期、衰老期		
成果展示（20分）	结果率高，果实大且基本无病害		
教师评价		合计	

彩椒变色成熟见图2-10，彩椒完全成熟见图2-11。

图2-10　彩椒变色成熟

图2-11　彩椒完全成熟

任务九　小番茄无土栽培

学习目标

知识目标

了解无土栽培的相关知识，掌握小番茄无土栽培的方法和技术要求。

技能目标

能根据小番茄的生产特点，掌握小番茄不同生长阶段的管理技术，独立完成小番茄无土栽培的相关工作。

素养目标

在小番茄无土栽培劳动过程中，树立农产品安全和环境保护意识，培养热爱农业、吃苦耐劳、勤于思考、团结协作的素养。

必备知识

小番茄又称樱桃番茄，是茄科番茄属栽培变种，果实颜色以红色和黄色为主，部分为咖啡色、粉色等。小番茄原产于南美洲的秘鲁、厄瓜多尔、玻利维亚等地。小番茄喜温喜光，要求生长适温20～30℃，光照充足。其果实可以入药，主治口渴、食欲不振、便秘，还可降血压，可增加人体的抗癌能力，对牙龈炎、牙周病、鼻出血和出血性疾病患者有扶正固本的作用。小番茄富含蛋白质，以及钾、钙等多种矿物质和微量元素硒及β－胡萝卜素、多种维生素、柠檬酸、苹果酸，其果皮中还含芦丁。小番茄中含有丰富的维生素C，其含量是西瓜的10倍。

无土栽培是近几十年来发展起来的一种作物栽培的新技术。无土栽培，是指以水、草炭或森林腐叶土、蛭石等介质作植株根系的基质固定植株，植株根系能直接接触营养液的栽培方法。无土栽培中营养液的成分易于控制，且可随时调节。在光照、温度适宜而没有土壤的地方，如沙漠、海滩、荒岛，只要有一定量的淡水供应，便可进行无土栽培。无土栽培根据栽培介质的不同分为水培、雾（气）培和基质栽培。无土栽培的优点主要有节水、省肥、高产、清洁卫生、无污染、省工省力、易于管理、不受地区限制、充分利用空间，避免连作障碍，有利于实现农业现代化。

任务设计

1. 实践场所

要求阳关充足、无尘环境，冬季可以大棚种植，也可以在家庭阳台、学校基地实施。

2. 授课学时

2学时。

3. 材料和工具

小番茄幼苗、椰糠（或粉碎秸秆、锯末等）、泥炭土、珍珠岩、微生物有机肥、全营养元素肥、铁铲、小铲、种植槽、洒水壶、种植支架、黄色和蓝色吸虫板。

4. 注意事项

劳动前进行安全教育，注意农具使用安全。劳动时注意各个环节的技术要点和日常管理，确保番茄良好生长。生长管理期间，注意用肥用药安全。

任务实施

1. 分组和制订计划

3～5人分为一组，并任命组长。小组成员共同讨论，制订劳动目标和计划，根据成员个人优势协商确定任务分工。

2. 劳动步骤

以小组为单位，成员共同完成一次小番茄无土栽培劳动过程。小番茄无土栽培劳动步骤见表2-24。

表2-24 小番茄无土栽培劳动步骤

序号	步骤	劳动说明	劳动标准
1	规划方案	制订详细的小番茄无土栽培方案和具体实施步骤，明确成员间分工和劳动内容	方案完整，劳动步骤翔实，能够指导劳动操作
2	材料与工具准备	准备各环节需要的材料与工具	清点数量，摆放整齐
3	种植基质配制	70%椰糠+25%泥炭+5%微生物有机肥+少量珍珠岩，每100千克基质加100克全营养元素肥，混匀后填入种植槽	基质按照比例混合均匀
4	栽培和搭架	将种植槽内基质整平，然后浇水，使基质充分吸水，将提前准备好的小番茄幼苗移栽至种植槽中。搭建“A”字形双行架，并在支架上挂黄色和蓝色吸虫板	在槽内基质挖穴，每槽种植2行，行距约40厘米，株距50厘米。幼苗定植后，浇水保持幼苗根部湿润。要求搭建1.2米左右高的“A”字形双行架，每米挂一张黄色或蓝色吸虫板
5	工具与场所清理	完成种植后，清理现场，确保栽培场所干净有序	栽培场所整洁，工具整齐干净
6	生长期管理	加强生长期间的水肥管理、植株调整与病虫害防控，每天注意观察，记录小番茄生长情况	养分供应充足，生长环境适宜，注意绑蔓和病虫害防控，数据记录完整

3. 常见病虫害及其防治方法

常见病害：晚疫病、早疫病、病毒病、青枯病、灰霉病。

常见虫害：蚜虫、粉虱、跳甲、斜纹夜蛾。

当出现斜纹夜蛾幼虫、跳甲、粉虱和蚜虫时，选用40%高效氯氰菊酯800倍液喷施。当出现灰霉病时，可以选用50%腐霉利可湿性粉剂800～1000倍液，或25%咪鲜胺乳油1000倍液喷洒防治。早疫病可以选用36%霜脲·百菌清可湿性粉剂1000倍液，或58%甲霜灵锰锌可湿性粉剂500倍液喷雾防治。当出现晚疫病时，可以选用29%戊唑·醚菌酯悬浮剂防治。

4. 生长期记录

小番茄生长期现象描述见表2-25。

表2-25　小番茄生长期现象描述

生长时期	生长现象描述
发芽期	从种子萌动到两片子叶长出第一片真叶为发芽期，一般为7~9天
幼苗期	从第一片真叶显露到显现大花蕾这段时间为幼苗期，在适宜温度下幼苗期一般需要50~60天
开花坐果期	开花并结小果，注意授粉
果实转色期	坐果后约40~50天，果实由绿色转红色（或黄色）
衰老期	叶片大量枯黄，苗势弱，果实产量逐渐减少

劳动实践评价

小番茄无土栽培实践结束后，由组长组织小组进行讨论，充分听取大家的意见和建议，每人对自己的劳动态度、劳动质量、劳动结果进行自我评价，总结自己在劳动知识与技能、合作意识、沟通能力、吃苦耐劳精神等方面的感悟，谈谈在实践过程中的收获和心得体会，最后教师进行总体评价。

小番茄无土栽培实践评价见表2-26。

表2-26　小番茄无土栽培实践评价

劳动评价（满分100分）	评价标准	成绩/分	
自我评价（20分）	劳动过程中有思考讨论，操作步骤准确无误		
过程评价（20分）	正确使用工具，工具使用完清洗干净并摆放整齐；基质配制正确，现场清理干净		
课程感悟（20分）	总结劳动过程中学到的知识，遇到的问题及解决办法，以及心得体会		
观察日记（20分）	详细记录小番茄的生长期，注意要记录当时的天气情况等外界因素		
成果展示（20分）	结果率高，果实饱满肥大，植株基本无病害，果实无虫害		
教师评价		合计	

小番茄果实转色期见图2-12，黄色小番茄见图2-13，粉红色小番茄见图2-14。

图2-12　小番茄果实转色期

图2-13　黄色小番茄

图2-14　粉红色小番茄

任务十　花生栽培

学习目标

知识目标

了解花生生长的相关知识，掌握花生栽培的方法、技术和管理的要求。

技能目标

能根据花生的生长特点，合作完成种植花生的相关工作，达到学会并能够去栽培花生的目的。

素养目标

了解花生在国家粮油生产中的地位，培养关心国家农业生产的兴趣。

必备知识

花生，也叫落花生、长生果、泥豆和番豆等，是中国产量丰富、食用广泛的一种坚果，喜欢沙性土壤，耐旱性强。花生是一年生草本植物，从播种到开花只用一个月时间，而花期却长达两个多月。花生在南方分为春、秋两熟，南方适宜在3月和8月种植。花生生长有5个时期，分别为发芽期、出苗期、幼苗期、开花下针期、结荚期和饱果成熟期。其中幼苗期、开花下针期和结荚期需要大量追肥。

花生是出油率较高的油料作物，种仁出油率高达45%～50%。花生中油酸的相对含量高达50%以上，油酸对人体心血管有益，对人体的高血脂、有害胆固醇有降低作用，且不影响或相对提高有益胆固醇。中国是世界上最大的花生油消费国和生产国。

任务设计

1. 实践场所

选择耕作层疏松、活土层厚实，排水力、肥力优良的偏酸性壤土或砂壤土，耕作层厚度30厘米左右。为了避免连作障碍，应优先选择1年以上未种植过花生的地块，或与薯类、玉米等旱生作物进行轮作。

2. 授课学时

5学时，包括播种1学时，日常管理3学时，收获1学时。

3. 材料和工具

（1）播种工具和材料　花生种子、土地（微酸或中性土壤）、发酵农家肥（或有机肥）、小铁铲、小号洒水壶、手套、尺子、扫把、垃圾铲、垃圾桶、垃圾袋。

（2）生长管理工具和材料　农家肥或复合肥、洒水壶、小锄头、手套、扫把、垃圾铲、垃圾桶、垃圾袋。

（3）收获工具和材料　手套、扫把、垃圾铲、垃圾桶、水桶、垃圾袋。

4. 注意事项

劳动前进行安全教育，注意农具使用安全。劳动时注意各个环节的技术要点和日常管理，确保花生良好生长。生长管理期间，注意用肥用药安全。

任务实施

1. 分组和制订计划

3～5人为单位进行分组管理，小组成员共同制订方案。

2. 劳动步骤

以小组为单位，成员共同完成一次种植花生、管理花生和收获花生果实的劳动过程。花生播种劳动步骤见表2-27。

表2-27 花生播种劳动步骤

序号	步骤	劳动说明	劳动标准
1	讲解和示范	教师讲解知识和示范劳动步骤	要求学生掌握劳动步骤
2	材料与工具准备	准备播种环节所需要的工具和花生种子	清点数量，摆放整齐
3	划分种植区域	土地整理和按照小组进行种植区域划分	划分区域大小合适
4	起垄	按照每平方米2千克农家肥的量与土壤充分混匀，起垄25厘米高，1米宽	土壤与农家肥充分混匀，起垄规范
5	种植	剥开花生，取出种子，采用穴播方法，每孔播2~3粒种子，株距20厘米，行距25厘米，每垄4行，播种后浇水	要求播种深度为2~3厘米，浇水后土壤湿润即可，不能过湿
6	清理现场	收拾现场，清洗工具	要求现场干净，工具摆放整齐
7	种植管理	播种好花生后，按照小组负责日常种植管理	几天或1周对其进行观察记录

花生种植管理劳动步骤见表2-28。

表2-28 花生种植管理劳动步骤

序号	步骤	劳动说明	劳动标准
1	讲解和示范	教师讲解知识和示范劳动步骤	要求学生掌握劳动步骤
2	材料与工具准备	准备好管理环节所需要的工具和肥料	清点数量，摆放整齐
3	对花生进行管理	花生幼苗期对花生进行松土、除草、施肥和浇水；开花下针期进行除草、施肥和压苗等管理工作；结荚期进行施肥和病虫害防控	有效完成各阶段工作
4	清理现场	收拾现场，清洗工具	要求现场干净，工具摆放整齐

花生收获的劳动步骤见表2-29。

表2-29　花生收获的劳动步骤

序号	步骤	劳动说明	劳动标准
1	讲解和示范	教师讲解知识和示范劳动步骤	要求学生掌握劳动步骤
2	材料与工具准备	准备好收获环节所需要的材料与工具	清点数量，摆放整齐
3	收获花生	各组收获种植的花生，拔起花生后，抖动去除根部余泥，手工摘取花生豆荚后，放水桶中用清水清洗3次。洗净的花生放阳光下暴晒4～5天，直至花生晒干为止	收获花生后，将花生果实摘出，花生植株则统一进行堆积处理
4	清理现场	清理现场余泥和水桶污水，摘完花生后的苗晒干，集中堆放用于发酵有机肥。工具要求清洗干净	要求现场干净，清点工具和摆放整齐

花生生长期现象描述见表2-30。

表2-30　花生生长期现象描述

生长时期	生长现象描述
发芽出苗期	播种后，从种子萌动到两片子叶长出第一片真叶为发芽期，一般为5～8天
幼苗期	从真叶长出到第一朵花开放前的时期
开花下针期	开花至一半的花生苗出现幼果
结荚期	一半的植株出现饱果
饱果成熟期	荚果饱满，花生壳纹理清晰为成熟

将花生生长期记录于表2-31中。

表2-31　花生生长期记录表

日期	天气（温度和光照）	颜色、形状与数量变化	对植物的照顾	备注

劳动实践评价

花生栽培实践结束后，每人对自己的劳动态度、劳动质量、劳动结果进行自我评价，总结自己在劳动知识与技能、沟通能力、吃苦耐劳精神等方面的感悟，最后教师进行总体评价。

花生栽培实践评价见表2-32。

表2-32　花生栽培实践评价

劳动评价（满分100分）	评价标准	成绩/分	
过程评价（20分）	操作过程规范并且安全，全程参与实践		
自我评价（40分）	从劳动中得到感悟，认识到自己的不足，以及在团队中的作用		
观察日记（30分）	不同生育时期的描述准确，记录完整		
成果展示（10分）	植株长势良好，果实数量多，果荚饱满		
教师评价		合计	

花生植株见图2-15。

图2-15　花生植株

任务十一　生菜水培

学习目标

知识目标

了解水培生菜对营养、光照、温度、氧气、电导率和酸碱值等环境因子的要求，掌握生菜水培的栽培技术相关知识。

技能目标

能根据生菜的生产特点，独立完成营养液配制、种子消毒、育苗和定植等水培相关工作。

素养目标

通过生菜水培的实践，关注农产品健康安全理念，养成科学的种植思维。

必备知识

生菜，又称玻璃菜、叶用莴苣，是菊科莴苣属莴苣中的一个变种。生菜原产于欧洲地中海沿岸，后引入中国，在东南沿海大城市近郊及两广地区栽培较多。生菜喜冷凉环境，既不耐寒也不耐热，生长的最适温度为15～20℃，适宜在我国南方无霜地区秋冬季节种植，或者冬季大棚种植。

水培是一种新型的植物无土栽培方式，又名营养液培养，其核心是将植物的根系直接浸润于营养液中，这种营养液能替代土壤，向植物提供水分、矿物质、氧气等生长因子，使植物能够正常生长。

水培栽培有五个优点：① 产品质量好，安全卫生；② 可在植物工厂内量化生产；③ 不分淡旺季，受自然环境影响小；④ 节省肥料；⑤ 经济效益高。

任务设计

1. 实践场所

学校大棚或露天水培基地，生菜喜凉气候，选择10月到次年3月秋冬春季节。

2. 授课学时

3学时。

3. 材料和工具

生菜种子、水培栽培容器、泡沫板、海绵条、营养液槽、四水硝酸钙、硫酸镁、七水硫酸镁、七水硫酸亚铁、乙二胺四乙酸二钠、硼酸、四水硫酸锰、1%硫酸铜、七水硫酸锌、五水硫酸铜、硫酸二氢铵、钼酸铵。

4. 注意事项

劳动前进行安全教育，注意化学药品使用安全。劳动时注意各个环节的技术要点和日常管理，确保生菜良好生长。生长管理期间，注意用肥用药和用电安全。

任务实施

1. 分组和制订计划

3～5人分为一组，并任命组长。小组成员共同讨论，制订劳动目标和计划，根据成员个人优势协商确定任务分工。

2. 劳动步骤

以小组为单位，成员共同完成一次生菜水培劳动过程。生菜水培劳动步骤见表2-33。

表2-33 生菜水培劳动步骤

序号	步骤	劳动说明	劳动标准
1	规划方案	制订详细的生菜水培方案和具体实施步骤，明确成员间分工和劳动内容	方案完整，劳动步骤翔实，能够指导劳动操作
2	材料与工具准备	准备各环节的材料与工具	清点数量，摆放整齐
3	水培营养液配制	每吨水中逐个溶解加入236克四水硝酸钙，404克硝酸钾，57克磷酸二氢铵，123克七水硫酸镁，13.9克七水硫酸亚铁，18.6克乙二胺四乙酸二钠，2.86克硼酸，2.13克四水硫酸锰，0.22克七水硫酸锌，0.06克五水硫酸铜和0.02克钼酸铵	教师提前将营养液原料调配混合
4	种子消毒处理	挑选生菜种子，放在清水中冲洗干净，将种子浸泡在1%硫酸铜溶液中，取出后洗干净，然后放入45℃的温水中浸泡30分钟，促使种子充分吸收水分	选外观优质、籽粒饱满、没有损伤的种子，品质优良的种子能提高发芽率；用硫酸铜浸泡种子要4小时左右；生菜种子要在45℃温水中

续表

序号	步骤	劳动说明	劳动标准
5	育苗	将海绵切成3厘米厚度的小方块，放在水中清洗干净。将浸泡处理好的种子直接种在海绵上，每块海绵种上2～3粒，加入水分促使海绵吸水浸湿，等待种子萌发出芽。转移到阴凉透风、散射光照的位置，定期喷水保湿	海绵和种子摆放整齐，海绵保持湿度
6	定植	待生菜幼苗长至4片真叶时即可定植，用干净的清水将生菜根系处冲洗一遍，剪掉枯老根、腐烂根和多余的侧生根，使用0.1%的高锰酸钾消毒，再用清水冲洗几遍，在水培容器中加入配制好的营养液和水，把生菜的根系放入泡沫浮板的洞里面，使其固定住，之后将生菜连同泡沫浮板一起放到水中，使生菜的根系接触到水	水培箱可用盆、钵、箱等，保证不会漏水。进行水培的生菜要用0.1%的高锰酸钾消毒液浸泡根系15～20分钟；消毒后的生菜根系要用清水清洗后定植，如采用土培苗，要用清水洗掉根系的土壤和其他栽培基质
7	工具整理与场所清理	完成种植后，组织学生整理清点工具和清理现场，确保栽培场所干净有序	栽培场所整洁，工具整齐干净
8	生长期管理	保持水培环境温暖湿润、通风、光线明亮，温度为10～25℃最适宜，发现水培蔬菜的水浑浊时要及时换水，在水位降低时及时添加清水	加强生长期间的水肥管理、植株调整与病虫害防控，每天注意观察，记录生菜生长情况

3. 常见病虫害及其防治方法

生菜在生长中容易发生病虫害，如出现软腐病、霜霉病、菌核病、叶斑病、猝倒病等，可采用1000倍甲基托布津等喷施防治。如出现蚜虫、跳甲、土蚕和菜粉蝶幼虫等，可使用吡虫啉或黄板诱杀。

4. 生长期记录

生菜生长期现象描述见表2-34。

表2-34　生菜生长期现象描述

生长时期	生长现象描述
发芽期	种子萌动至子叶展开，需要8～10天。发芽的适温为15～20℃
幼苗期	从真叶显露至第Ⅰ叶序5枚叶片展开，俗称“团棵”，需要10～15天。生长适温为16～20℃

续表

生长时期	生长现象描述
莲座期（发棵期）	从团棵到第2叶序完成，心叶开始卷抱，这一时期叶面积迅速扩大，是产品器官形成的关键时期，需要15~30天。生长适温为18~22℃
成熟期	心叶加速卷抱成肥大叶球，需要15~20天。此阶段适宜采收食用
生殖生长期	花芽分化后，从抽薹开花到种子成熟，此时期约需15天

劳动实践评价

生菜水培实践结束后，由组长组织小组进行讨论，充分听取大家的意见和建议，每人对自己的劳动态度、劳动质量、劳动结果进行自我评价，总结自己在劳动知识与技能、合作意识、沟通能力、吃苦耐劳精神等方面的感悟，最后教师进行总体评价。

生菜水培实践评价见表2-35。

表2-35 生菜水培实践评价

劳动评价（满分100分）	评价标准	成绩/分	
过程评价（20分）	能按照要求实施水培技术步骤，操作正确无误，没有损伤生菜苗或其根系		
自我评价（20分）	活动有始有终，成果突出，及时总结、交流和评价，学有所获		
课程感悟（20分）	能通过课程中学习到的水培基本知识和方法进行感悟分享		
观察日记（20分）	能够完整记录生菜各个生长时期的形态		
成果展示（20分）	能成功培育出叶片绿且大，色泽鲜艳、口感好的生菜		
教师评价		合计	

水培生菜基地见图2-16。

图2-16　水培生菜基地

任务十二　空心菜的种植

学习目标

知识目标

了解空心菜的生长周期与营养价值，掌握空心菜的生长习性。

技能目标

掌握空心菜的生长特性，能完成种植、管理、观察和记录等实践过程。

素养目标

通过对空心菜的培育种植，切身感受植物生长过程，提升“菜篮子工程”民生物质保障的意识。

必备知识

空心菜不耐寒冷，需要温度上升后进行播种，种子萌发的温度在15℃以上，生长的适宜温度在20～35℃。如果是露天种植，在南方可以在4～9月进行种植，如果是在大棚或温室中种植，可常年种植和反季节种植。其生长速度较快，生长周期是35～45天，长到20～30厘米的时候就可收割食用。前两次采收的时候要注意茎基部要留两三个节，不可从底部割，避免影响新芽萌发。

空心菜中粗纤维含量极为丰富，由纤维素、木质素和果胶等组成，嫩梢中的蛋白质含量高，钙含量比西红柿高12倍，并含有较多的叶绿素和胡萝卜素。

任务设计

1. 实践场所

选择阳光充足的校外基地、家庭阳台或学校基地。

2. 授课学时

1学时。

3. 材料和工具

空心菜种子、椰糠（或粉碎秸秆、锯末等）、泥炭土、微生物有机肥、复合肥、塑料铲、种植槽、洒水壶、30毫升塑料密封瓶、种植槽或花盆、测量尺。

4. 注意事项

劳动前进行安全教育，注意化学肥料及种植工具的使用安全。及时清理卫生，劳动时注意各个环节的技术要点和日常管理，确保空心菜良好生长。生长管理期间，注意用肥用药安全。

任务设施

1. 分组和制订计划

首先进行分组，以3～5人为一小组，并任命组长。小组成员共同讨论，制订劳动目标和计划，确定任务并进行分工。

2. 劳动步骤

以小组为单位，成员共同完成一次空心菜种植劳动过程。空心菜种植劳动步骤见表2-36。

表2-36　空心菜种植劳动步骤

序号	步骤	劳动说明	劳动标准
1	制订方案	教师制订详细的空心菜栽培方案和具体实施步骤，明确各个小组成员间分工和劳动内容	方案具有实操性和可行性，能保证学生安全
2	材料和工具准备	准备基本的种植材料和工具，提前配制好椰糠、泥炭土和微生物有机肥的用量	清点工具，摆放整齐，按照体积比配制方法，椰糠：泥炭土：微生物有机肥=3：6：1

续表

序号	步骤	劳动说明	劳动标准
3	种子处理	挑选颗粒饱满、大小均匀、健康无病害，并且表皮无破损的种子，将挑选好的种子放在45℃的温水中浸泡30分钟，等水温降下来后清水浸泡24小时催芽	避免选取生命力弱、有病害的种子，注意浸种时用水安全，防止烫伤
4	催芽	空心菜的种皮厚且硬，发芽缓慢，需要进行催芽处理。挑选生命力强的种子，用清水浸泡，将其放于湿纱布上包裹，放在25～30℃催芽，待种子露白后播种	催芽方法正确，种子发芽率高
5	播种	种植槽或花盆中加入湿润基质，将种子均匀点播入土壤，并且覆盖1厘米左右的基质，用洒水壶浇透水，基质表面覆盖一层透明塑料薄膜保水保墒，等到幼苗长出来之后，将薄膜去掉	播种均匀，第一次浇水要浇透
6	清洗工具和卫生打扫	清理现场，将使用过的工具洗净并将其放回原位	注意卫生，工具摆放整齐，劳动场所干净有序
7	日常管理及追肥	等到种子发芽三四日之后，每间隔一天就用测量尺测量株高，并浇水到椰糠湿润，10天之后追肥一次，每次每盆加入2克复合肥	完整记录空心菜的发育过程，注意用肥安全，使用完后及时洗手

3. 常见病虫害及其防治方法

空心菜的主要病虫害有白锈病、菜青虫、斜纹夜蛾等。防治白锈病可以喷波美度石硫合剂，或者喷65%代森锌可湿性粉剂500倍液。对于菜青虫和斜纹夜蛾可以喷20%速杀丁乳油3000倍液。

4. 生长期记录

空心菜生长期现象描述见表2-37。

表2-37 空心菜生长期现象描述

生长日期	生长现象描述	株高

劳动实践评价

空心菜种植实践结束后，由组长组织小组进行讨论，每人对自己的劳动态度、劳动质量、劳动结果进行自我评价，总结自己在劳动知识与技能、合作意识、沟通能力、吃苦耐劳精神等方面的感悟，最后教师进行总体评价。小组成员对劳动过程中的收获进行讨论，小组代表发言，教师点评补充，可进行要点提问了解学生掌握情况。

空心菜种植实践评价见表2-38。

表2-38　空心菜种植实践评价

劳动评价（满分100分）	评价标准	成绩/分	
过程评价（20分）	积极参与和回答问题，能跟组员团结合作完成种植，完整按照要求操作		
自我评价（20分）	能够认真听讲且实践效果较好，实操能力强		
课程感悟（20分）	能掌握空心菜的生长特性和学会空心菜的种植技术及了解其种植过程中的注意事项		
观察日记（20分）	定期对空心菜的生长进行观察并跟进记录，记录的内容具体，数据完整可靠		
成果展示（20分）	将观察日记上交，教师分别给各组拍照，以幻灯片形式展示给学生观看。空心菜生长良好，大部分叶子青绿色，没有黄叶和病叶		
教师评价		合计	

空心菜生长情况见图2-17。

图2-17　空心菜生长情况

任务十三　有机菜心种植管理

学习目标

知识目标

学习条播的种植方式与菜心种植的相关知识和技术要求。

技能目标

掌握条播种植方式的技术要点，并根据菜心的生产特点，用条播种植方式完成菜心种植的相关工作。

素养目标

通过有机菜心种植劳动实践，培养农产品绿色种植的理念。

必备知识

条播是播种的一种方法，即把种子均匀地播成长条，行与行之间保持一定行距，且留行间留有隆起供人行走，是一种常用的种植方法。

菜心又名菜薹，十字花科芸薹属，一二年生草本植物，适合播种在南方温暖的地区，也是我国南方的特产蔬菜之一，由于菜心较适宜在广东种植，因此也被称作广东菜。菜心一般在9月至次年3月进行播种。现世界各地均有引种栽培，多露天种植，其根系浅、生长期短、适应性强，实践管理较方便，菜心生长发育的适温为15～25℃。不同生长期对温度的要求不同，种子发芽和幼苗生长适温为25～30℃；叶片生长期需要的温度稍低，适温为15～20℃，15℃以下生长缓慢，30℃以上生长较困难。

有机蔬菜，是指遵循自然规律和生态学原理，在蔬菜生产过程中严格按照有机生产规程，禁止使用任何化学合成的农药、化肥、生长调节剂等化学物质，以及基因工程生物及其产物的蔬菜产品。有机蔬菜种植是一种可持续发展的农业技术。

任务设计

1. 实践场所

校园露天种植基地或大棚基地。

2. 授课学时

2学时。

3. 材料和工具

菜心种子、有机肥、有机水溶肥、泥炭土、铁铲、小铲、铁耙、锄头、洒水壶、手套、黄色和蓝色粘虫板、防虫网。

4. 注意事项

劳动前进行安全教育，注意农具使用安全。劳动时注意各个环节的技术要点和日常管理，生长管理期间，注意用肥用药安全。

任务实施

1. 分组和制订计划

3~5人分为一组，并任命组长，小组成员共同讨论，制订劳动目标和计划，协商确定任务分工。

2. 劳动步骤

以小组为单位，成员共同完成一次有机菜心种植管理劳动过程。有机菜心种植管理劳动步骤见表2-39。

表2-39 有机菜心种植管理劳动步骤

序号	步骤	劳动说明	劳动标准
1	讲解和示范	教师讲解课程和示范操作	学生掌握操作流程和技术要点
2	常温浸种	种子处理及催芽，将菜心种子用清水清洗，去除杂质和种子表面污染物，然后放入容器中浸泡12小时，浸种时间超过6小时后换一次水，控制温度20~30℃	浸种使用非金属容器，防止有毒物质毒害种子，种子选择粒大均匀、发芽率高的

续表

序号	步骤	劳动说明	劳动标准
3	材料与工具准备	准备各环节需要的材料与工具，各小组分配1把铁铲、1把小铲、1把铁耙子、1把锄头、3～5双手套，适量菜心种子	清点数量，摆放整齐，并掌握工具使用方法
4	翻地	为防止土地板结，用铁铲或锄头将20～25厘米深的土壤整疏松	土壤土质疏松，透气性良好
5	起垄和加入基肥	按每平方米约5千克有机肥均匀撒在翻耕过的土壤中，并混匀。用铁铲或锄头挖沟起垄，垄距根据实际情况进行调整，垄面一般宽60～120厘米，垄高20～30厘米，畦面做成龟背形	撒肥均匀，起垄高度适宜，避免垄面过高造成植物缺水，或过低造成排水不良、土地板结和透气性差
6	播种	将催芽的菜心种子进行条播，按照行间距30厘米左右，挖一个深3～5厘米、宽10厘米左右的小沟，浇水，然后在沟中均匀撒入种子，覆1～2厘米厚度的细土，浇水浇透	播种均匀，条播直线，间距适宜，浇水充分
7	虫害物理防控	采用竹条或塑杆插入垄两侧，1米插入1支，形成拱形，在拱形顶部悬挂黄色和蓝色粘虫板，拱形上端铺上防虫网，并用泥土覆盖压实四周。有条件的在种植基地安装吸虫灯	拱形架和粘虫板整齐，防虫网铺设整齐紧凑。不使用化学农药防虫
8	后期管理	种子萌发过程每天安排早或晚浇水一次，到出苗后可按照株距和行距5厘米左右进行补苗、间苗。10～15天追加一次有机水溶肥。强光天气可覆遮阳网。减少大雨冲击，保证出苗质量和稳产。菜心在生长过程中需水量比较大，田间水分需保持在70%左右，在多雨季节需及时进行排水	生长时期保证养分供应充足，环境适宜。不使用化学肥料追肥

3. 生长期记录

菜心生长期现象描述见表2-40。

表2-40 菜心生长期现象描述

生长时期	生长现象描述
发芽期	种子萌动至子叶展开，需5～7天
幼苗期	第一片真叶开始生长至第五片真叶平展，需14～18天
叶片生长期	第六片真叶开始生长至植株现蕾，需7～21天
菜薹形成期	从现蕾至菜心采收，需14～18天
开花结果期	初花至种子成熟，需50～60天

劳动实践评价

有机菜心种植管理实践结束后，由组长组织小组进行讨论，成员根据自我评价和他人评价发表劳动感想，教师进行总结。

有机菜心种植管理实践评价见表2-41。

表2-41 有机菜心种植管理实践评价

劳动评价（满分100分）	评价标准	成绩/分
过程评价（20分）	操作正确20分、少量错误16分、基本完成12分	
自我评价（20分）	优秀20分、良好16分、及格12分	
课程感悟（20分）	感悟颇深20分、感悟较深16分、稍有感悟12分	
观察日记（20分）	记录认真详细20分、记录完整16分、记录不全12分	
成果展示（20分）	菜心成活率高、品质好20分，成活率良好、品质一般16分，成活率低、品质差12分	
教师评价		合计

收获的有机菜心成品见图2-18。

图2-18 收获的有机菜心成品

任务十四　校园闲置土地整理

学习目标

知识目标

通过土地改良实践，了解土壤质量和土壤改良的知识，掌握土地整理的方法和技术要点。

技能目标

能根据校园闲置土地的特点，完成土地整理相关工作，实现合理开发校园闲置土地及其再利用。

素养目标

了解我国土地资源现状，树立土地安全和保护耕地的意识。

必备知识

土地整理，又称土地整治、土地调整或土地分区，是实施土地利用规划的重要手段，指对零散不规则的土地或破损土地进行整理。简单来说，就是将土地重新规划和利用，调整土地用途，使土地资源利用工作效率和效益更高，更符合当地规划设计和种植计划目标的需要。我国陆地土地总面积约960万平方千米，但人口总数多，使得人均土地面积远低于世界水平，并且我国土地未利用和难利用的部分所占比例大，进一步缩小了有效人均国土面积，因此，对土地资源的有效利用是极其重要的。

校园闲置地的土地整理主要内容包括调整校园土地结构、归并零散地、平整土地、改良土壤、复垦校园闲置土地、改善校园环境、维护生态平衡。

任务设计

1. 实践场所

校园各角落闲置土地和可利用的土地。

2. 授课学时

3学时，按照“任务实施”的“劳动步骤”安排。

第1学时内容：步骤1、步骤2、步骤3、步骤9，第2学时内容：步骤4、步骤5、步骤6、步骤9，第3学时内容：步骤7、步骤8、步骤9、步骤10。

3. 材料和工具

铁铲、小铲、锄头、手套、插牌、洒水壶（有条件的可直接用连接好出水口的水管浇水）、小围栏、大扫把、垃圾铲、垃圾桶、微生物有机肥、泥炭土、河沙。

4. 注意事项

劳动前进行安全教育，学会锄头、铁铲和手套的正确使用方法，使用工具时保持人之间，以及人和工具的距离，避免扎堆实践造成危险。如果是校园内荒地，实践过程中，注意蛇、蜈蚣、红火蚁等的安全防范，准备防过敏和止血药物。课后打扫现场卫生和清理鞋底残留泥土。

任务实施

1. 分组和制订计划

3~5人分为一组（男女混合），并任命组长。小组成员共同讨论，制订劳动目标和计划，根据成员个人优势协商确定任务分工。

2. 劳动步骤

以小组为单位，成员共同完成一次校园闲置地的土地整理劳动过程。校园闲置地的土地整理劳动步骤见表2-42。

表2-42 校园闲置地的土地整理劳动步骤

序号	步骤	劳动说明	劳动标准
1	规划方案	根据土地特点制订详细的整理方案和具体实施步骤，明确成员间分工和劳动内容	方案完整，劳动步骤翔实，能够指导劳动操作
2	材料与工具准备	准备各环节需要的材料与工具	清点数量，摆放整齐
3	校园闲置土地的清理	清理石头、杂草、垃圾等，分类集中处理。工具：手套、扫把、垃圾铲、垃圾桶、铁铲	土地清理干净，没有可见的大石块、垃圾和杂草 石块集中堆放整齐，可用于步骤8围地

续表

序号	步骤	劳动说明	劳动标准
4	土地的分配和洒水防尘	老师分配好各小组整理的土地区域，小组对分到的土地进行洒水防尘。 工具：洒水壶或水管	浇水使学生方便用锄头和铲子耕作
5	翻土	利用锄头和铁铲等工具对土地进行翻耕。 工具：手套、锄头	翻耕深度一般在20～30厘米
6	施肥改土	将微生物有机肥、泥炭土、河沙混匀到已经翻好的土地里，并浇水。 工具：微生物有机肥、洒水壶、铲子、锄头	每平方米施加微生物有机肥2千克、泥炭土10千克、河沙5千克，与原土充分混匀后，土壤浇透水。对于过于板结的土地，泥炭土可以增加至每平方米20千克
7	整形起垄	利用锄头和铲子对土地整形并起垄。 工具：铲子、锄头	把土地整平后分成长2～3米、宽0.8～1.2米、高20～30厘米的垄
8	围地和插牌标识	对整个班整理的地分区后，用小围栏或者石块围起来，每个小组对自己负责的区域进行标记。 工具：铲子、锄头、小围栏、标签、石块	把班级用地使用小围栏和石块合理围起来，防止其他同学进行踩踏，标签能清晰识别各小组的负责地
9	工具与场所清理	完成课堂内容后，清理现场，不留垃圾，工具洗干净、清理好放回原处，清理鞋底积泥和洗手	卫生达标，工具干净、摆放整齐
10	长期管理	定期清理杂草和垃圾，并让土地保持良好的水分和营养，小组记录土地管理日记	保持土地整齐，无杂草和垃圾，土壤营养和水分保持良好状态

劳动实践评价

校园闲置地的土地整理实践结束后，由组长组织小组进行讨论，充分听取大家的意见和建议，每人对自己的劳动态度、劳动质量、劳动结果进行自我评价，总结自己在劳动知识与技能、合作意识、沟通能力、吃苦耐劳精神等方面的感悟，最后教师进行总体评价。

校园闲置地的土地整理实践评价见表2-43。

表2-43 校园闲置地的土地整理实践评价

劳动评价（满分100分）	评价标准	成绩/分
过程评价（20分）	老师对学生上课积极性和组织性表现进行评分	

续表

劳动评价（满分100分）	评价标准	成绩/分	
自我评价（20分）	学生自己对自己的上课表现进行评价		
课程感悟（20分）	学生对本次实践课程进行心得交流		
管理日记（20分）	每个小组定期对负责地的管理和养护进行记录		
成果展示（20分）	对小组的负责地的日常管理效果进行展示		
教师评价		合计	

整理后起垄的土地见图2-19。

图2-19　整理后起垄的土地

任务十五　校园绿化地除草

学习目标

知识目标

了解杂草的种类，掌握除草的要点，培养对劳动生活的学习态度和兴趣。

技能目标

能根据杂草的生长特点，独立完成除草相关工作及日常管理，培养动手操作能力。

素养目标

通过校园除草，培养美丽校园理念，提高对校园卫生的集体责任感。

必备知识

1. 什么是杂草

杂草是指生长在有害于人类生存和活动场地的植物，一般是非栽培的野生植物或对人类有害的植物。

2. 杂草的危害

（1）杂草与农作物争夺养料、水分、阳光和空间，妨碍田间通风透光，从而降低了粮食作物的产量和质量。

（2）许多杂草是致病微生物和害虫的中间寄主或寄宿地，会导致病、虫害的发生，危害粮食作物。

3. 常见杂草的繁殖类型

（1）种子繁殖兼根茎繁殖类　牛筋草、香附子、两耳草、马唐、狗尾巴草等。

（2）种子繁殖类　白花鬼针草、龙葵、黄鹌菜、荠菜、苍耳等。

任务设计

1. 实践场所

学校围墙处或草坪等绿化地。

2. 授课学时

2学时。

3. 材料和工具

手套、小铲子、锄头、垃圾桶。

4. 注意事项

老师课前准备不同杂草给学生识别，课前要了解劳动区域的杂草种类，如有不认识的草，可以咨询相关专业的老师，或利用植物识别软件和上网查询。劳动区域在上课前一周要进行蛇、虫、蚁的驱赶和灭杀。劳动前进行安全教育，注意农具使用安全。劳动过程中注意杂草、虫、蚁伤害和花粉过敏。

任务实施

1. 分组和制订计划

3~5人分为一组，并任命组长。小组成员共同讨论杂草的分类，最后由小组组长阐述各组的杂草种类。

2. 劳动步骤

以小组为单位，成员共同完成一次校园绿化地除草劳动过程。校园绿化地除草劳动步骤见表2-44。

表2-44 校园绿化地除草劳动步骤

序号	步骤	劳动说明	劳动标准
1	规划方案	进行杂草的知识讲解，可适当开展除杂草比赛，按数量或种类评价。清理的杂草集中堆放和处理。除草后进行工具收拾和现场清理	方案完整，劳动步骤翔实，能够指导劳动操作
2	工具准备	准备手套、小铲子和锄头	清点数量，摆放整齐
3	杂草识别	各小组分类识别杂草，能辨认最常见的杂草	给杂草分类，按繁殖类型分类
4	除草要点	根茎繁殖的杂草，需要连根拔起。种子繁殖的杂草，需在未开花前清理。清理的杂草集中堆放、集中处理	杂草清理干净，未破坏绿化地，杂草根部不带泥
5	工具与场所清理	完成除草后，清理现场，确保现场干净有序，将杂草放入垃圾桶	现场整洁，工具整齐干净
6	日常管理	每一个小组划分一块绿化责任地，每月进行一次除草	责任地无杂草，现场整洁

劳动实践评价

校园绿化地除草实践结束后，由组长组织小组进行讨论，充分听取大家的意见和建议，每人对自己的劳动态度、劳动质量、劳动结果进行自我评价，总结自己在劳动知识与技能、合作意识、沟通能力、吃苦耐劳精神等方面的感悟，最后教师进行总体评价。

校园绿化地除草实践评价见表2-45。

表2-45 校园绿化地除草实践评价

劳动评价（满分100分）	评价标准	成绩/分	
过程评价（20分）	课前准备充分，课程实施中能掌握除草要点，课后要求工具和现场整理干净		
自我评价（20分）	通过课程的实施，评价自己表现不错的地方，并对不足之处进行改进		
课程感悟（30分）	总结自己在课程实施过程中正确和错误的地方，表达对课程实践的心得		
成果展示（30分）	土地整洁，基本没有杂草		
教师评价		合计	

小蓬草见图2-20，龙葵见图2-21，阔叶丰花草见图2-22，紫穗槐见图2-23。

图2-20 小蓬草

图2-21 龙葵

图2-22 阔叶丰花草

图2-23 紫穗槐

任务十六 种植基地除草

学习目标

知识目标

了解基本除草的相关知识，掌握基本除草的相关方法和技术要求。

技能目标

根据基本除草方法，学习除草的相关技能，独立完成基本除草的相关工作，减少杂草对农产品生长的危害，提高农产品的产量和品质，并掌握绿色除草的方法。

素养目标

通过学习种植基地除草方法，了解杂草对农业生产的危害，学习外来入侵杂草的危害，增强国家生物安全意识。

必备知识

杂草的野蛮生长是影响农作物生长的重要因素之一。杂草发达的根系、多样的繁殖方式及旺盛的生命力会争夺农作物生长所需的养分、水分和光照等营养条件，导致农作物无法正常生长，因此，控制杂草生长一直以来是提高农作物产量至关重要的环节，学会除草方法能够帮助人们更好地管理田间农作物。通过学习常见的杂草知识，学会判断杂草的基本形态，掌握除草的基本方法，能够有效降低农田杂草危害和保障作物安全生产。

生物入侵是指某种生物从外地自然传入或人为引种后成为野生状态，并对本地生态系统造成一定危害的现象。生物入侵的主要渠道有自然入侵、无意引进和有意引进。在国际自然保护联盟公布的全球100种最具有威胁的外来生物中，入侵中国的物种每年给中国造成了严重的经济损失。中国已知的外来入侵物种至少包括300种入侵植物、40种入侵动物、11种入侵微生物。其中植物类的入侵物种水葫芦、水花生、紫茎泽兰、大米草、薇甘菊、加拿大一枝黄花和普通豚草等给农林业带来了严重危害。

任务设计

1. 实践场所

学校农业劳动实践基地或校外农场等生产基地。

2. 授课学时

2学时。

学时一：认识杂草。学时二：除草实践。

3. 材料和工具

手套、铁铲、小铲、锄头、扫帚、垃圾铲、垃圾袋、草帽、驱蚊水、消毒水等。

4. 注意事项

（1）劳动前进行安全教育，注意农具使用安全。

（2）劳动时注意各个环节的技术要点，确保除草过程的安全性、可操作性。

（3）劳动期间注意辨别相关杂草，避免伤害农作物。

（4）在进行除草实践之前要给学生做好防护措施，防蚊、防蚁、防虫等，准备常用的保护物品、伤口消毒和防过敏药物。

任务实施

1. 分组和制订计划

3～5人分为一组，并任命组长。小组成员共同讨论，协商确定任务分工。

2. 劳动步骤

以小组为单位，成员共同完成一次种植基地除草劳动过程。种植基地除草劳动步骤见表2-46。

表2-46 种植基地除草劳动步骤

序号	步骤	劳动说明	劳动标准
1	认识杂草	首先在种植基地内采集不同种的杂草，学习和识别常见杂草的基本形态。必要时使用“形色识花”或“花草库”等植物识别软件或小程序对杂草进行识别	能够识别常见杂草和入侵有害植物
2	材料与工具准备	准备各环节所需要的材料与工具	清点数量，摆放整齐
3	杂草清除示范	教师和小组长示范除草，作物行间采用手工除草，种植基地行道采用锄头和小铲除草	动作标准，示范清晰
4	清除杂草	分组进行清除杂草的实践活动，小组成员分工合作，内容包括作物行间拔草、行道铲草。根系较深的草用锄头清除，避免误摘和损害农作物。杂草清除后清理出场、集中堆放、堆沤处理	杂草清理干净，未有失误操作损害农作物
5	工具与场所清理	完成除草后，清理现场，清洗工具，确保实践场所干净有序	实践场所整洁，工具整齐干净
6	杂草再生管理	定期观察，记录清除杂草的日期，15～30天定期清理责任地杂草	日常管理到位，定期开展除草工作

劳动实践评价

种植基地除草实践结束后，由组长组织小组进行讨论，充分听取大家的意见和建议，每人对自己的劳动态度、劳动质量、劳动结果进行自我评价，总结自己在劳动知识与技能、合作意识、沟通能力、吃苦耐劳精神等方面的感悟，最后教师进行总体评价。

种植基地除草实践评价见表2-47。

表2-47　种植基地除草实践评价

劳动评价（满分100分）	评价标准	成绩/分	
过程评价（20分）	积极参与认识杂草和清除杂草的过程，团队之间互相协作，相互听取意见		
自我评价（20分）	学习到新知识以及掌握除草的方法		
课程感悟（20分）	总结自身对此次课程的心得体会		
观察日记（20分）	能够自主开展观察工作，有观察思考能力，还有应变能力，主要表现在能够清晰地记录除草课程过程		
成果展示（20分）	能够在课程完成之后展示出劳动教育的最终成果，主要体现为杂草清除状况、土地整洁情况		
教师评价		合计	

酢浆草见图2-24，铁苋菜见图2-25，两耳草见图2-26，钻叶紫菀见图2-27。

图2-24　酢浆草

图2-25　铁苋菜

图2-26　两耳草

图2-27　钻叶紫菀

项目三　盆栽与瓶袋栽

任务一　盆栽草莓种植管理

学习目标

知识目标

了解草莓生长发育的相关知识，掌握草莓盆栽种植流程。

技能目标

根据草莓的种植特点，独立完成草莓种植等相关工作，掌握草莓高品质种植的管理技能。

素养目标

通过草莓“赏食两用”的盆栽种植和管理，体验和感悟生活之美。

必备知识

现代草莓起源于南美洲的二倍体野生草莓，现代大果型栽培草莓是四倍体，起源于法国。1915年，中国引入了现代草莓，目前全国范围内均有草莓的商业化生产，中国的草莓栽培面积和产量均居世界第一位。草莓的根系浅、植株小，容易在盆里面生长，非常适合在温室、露天室内、阳台和窗口等有阳光的地方种植。

草莓喜温凉气候、喜水怕涝，根系生长温度5～30℃，适温15～22℃，茎叶生长适温为20～30℃，花芽分化期温度须保持5～15℃。草莓越夏时，气温高于30℃并且日照强时，需采取遮阳降温措施。南方北回归线以南地区的草莓种植时间为9～10月，花期11～12月，果期1～4月。

任务设计

1. 实践场所

要求光照充足、无尘环境，冬季可以温室栽培，也可以在家庭阳台、学校基地种植。

2. 授课学时

3学时。

3. 材料和工具

手持小铲、大铲、塑料花盆（口径14.8厘米，高9.8厘米）、泥炭土、珍珠岩、有机肥、杀菌剂（咯菌腈或多菌灵）、大水盆（混土用）、圆头剪刀、草莓苗。

4. 注意事项

（1）杀菌剂在大水盆中配制，稀释1500倍，此操作应由老师戴手套操作，防止学生误食或揉眼导致农药中毒和伤害。

（2）要注意铲子、剪刀等工具使用安全。

任务实施

1. 分组和制订计划

3~5人分为一组，并任命组长。小组成员共同讨论，制订劳动目标和计划，根据成员个人优势协商确定任务分工。

2. 劳动步骤

以小组为单位，成员共同完成一次盆栽草莓种植管理劳动过程。盆栽草莓种植管理劳动步骤见表3-1。

表3-1　盆栽草莓种植管理劳动步骤

序号	步骤	劳动说明	劳动标准
1	规划方案	制订详细的盆栽草莓种植方案和具体实施步骤，明确成员间分工和劳动内容	方案完整，劳动步骤翔实，能够指导劳动操作
2	材料与工具准备	准备各环节需要的材料与工具，教师示范种植步骤	清点数量，摆放整齐
3	配土和上盆	介绍基质和杀菌剂在草莓生长中的作用。按照基质成分比例，分组配制基质和装盆	泥炭土：有机肥：珍珠岩=5：1：1（体积比），用铲子往塑料花盆装上五六成土

续表

序号	步骤	劳动说明	劳动标准
4	摘叶和断老根	用剪刀剪去多余的草莓老叶和干枯叶片，留下3~5片嫩叶。用剪刀剪去一部分底部发黑的老根	老叶、干枯叶片和发黑的老根清除干净
5	种植	在土壤中挖浅坑放上草莓，草莓根要舒展开，根部不能挤在一起，然后覆盖基质，草莓出新叶的中间生长点不能被覆盖住，根系也不能露在外面。轻微压实基质土壤，稳定草莓植株	根系舒展，覆盖七八成土，根系不裸露，草莓中间生长点裸露，植株稳定
6	浸泡消毒	把草莓盆栽放在配制好的1500倍杀菌剂中浸泡5~7分钟，浸泡至表面的土完全湿润，使用装有杀菌剂的喷壶喷湿叶面	杀菌剂浸泡土壤使其湿润，喷洒叶面使其湿润
7	缓苗	盆栽统一放在阴凉通风处缓苗三四天后，可由学生带回家中观察，或集中摆放整齐，统一种植管理	草莓缓苗后叶子挺拔，管理责任到位
8	工具与场所清理	种植场所整洁，清洗工具，摆放整齐。晾干工具后统一入工具房，并清理现场	完成种植后，清理现场，确保种植场所干净有序
9	生长期管理	每天注意观察，加强生长期间的水肥管理，7~10天液体肥稀释后淋根一次，注意病虫害防控。开花前勤施肥水，并保持土壤湿润，防止阳光暴晒和控制温度在10~25℃，适时剪除黄化老叶和喷1000倍多菌灵，避免果期用药	养分供应充足，生长环境适宜，注意病虫害防控，记录完整

3. 常见病虫害及其防治方法

常见病害：灰霉病、果腐病。

常见虫害：蚜虫、白粉虱、螨类、线虫。

用多菌灵和吡虫啉等混合药物定期预防病虫害。

4. 生长期记录

草莓生长期现象描述见表3-2。

表3-2　草莓生长期现象描述

生长时期	时间/天	生长现象描述
缓苗期	3~5	叶片挺直、有活力
成长期	6~30	草莓芯抽出新叶
开花期	30~45	草莓芯长出花苞，并完成授粉
结果期	45~60	草莓结果和成熟

劳动实践评价

盆栽草莓种植管理实践结束后，由组长组织小组进行讨论，充分听取大家的意见和建议，每人对自己的劳动态度、劳动质量、劳动结果进行自我评价，总结自己的劳动知识与技能、合作意识、沟通能力、吃苦耐劳精神等方面的感悟，最后由教师进行总体评价。

盆栽草莓种植管理实践评价见表3-3。

表3-3　盆栽草莓种植管理实践评价

<table>
<tr><th>劳动评价（满分100分）</th><th>评价标准</th><th colspan="2">成绩/分</th></tr>
<tr><td>过程评价（20分）</td><td>劳动实践有序开展，学生纪律好，认真听讲，操作流程正确</td><td colspan="2"></td></tr>
<tr><td>自我评价（20分）</td><td>掌握流程和实操技巧</td><td colspan="2"></td></tr>
<tr><td>课程感悟（20分）</td><td>总结课程学习的真切感悟</td><td colspan="2"></td></tr>
<tr><td>观察日记（20分）</td><td>细致地记录植物生长情况和管理方法，找出问题的原因和解决方案</td><td colspan="2"></td></tr>
<tr><td>成果展示（20分）</td><td>草莓能够健康成长、开花结果</td><td colspan="2"></td></tr>
<tr><td>教师评价</td><td></td><td>合计</td><td></td></tr>
</table>

草莓幼苗的缓苗期见图3-1。

图3-1　草莓幼苗的缓苗期

任务二　盆栽辣椒种植管理

学习目标

知识目标

能够认识辣椒的形态，了解辣椒种植的基本知识，以及学会辣椒的病虫草害防控知识。

技能目标

掌握盆栽基本技术，在教师的指导下，能够独立完成盆栽辣椒种植。

素养目标

在我国饮食中，辣椒是一种重要的饮食文化载体。辣椒的热情象征着朝气蓬勃的人生。通过盆栽辣椒栽培，陶冶积极向上的情操，培养对美好生活的向往。

必备知识

辣椒属于茄科辣椒属，原产地为墨西哥，为一年或有限多年生草本植物，明朝末年传入中国。它呈圆锥形或者长形，未成熟的时候呈绿色，成熟之后变为红色、紫色或者其他多种颜色。辣椒种植时间应该根据当地的气候条件来定，因为辣椒具有喜温的习性，在广东地区，辣椒一年四季都可种植，但最适生长时期是春植和秋植，春植播种期在2月中旬温室育苗，定植期为3月中旬至4月上旬，采收期为5～7月，秋植的播种期在8月上旬遮阳育苗，定植期为9月，采收期为10～12月。

“青枝绿叶果儿长，辛辣甘甜任人尝。红装虽艳性刚直，亭亭玉立斗艳阳。”辣椒不仅形态优美、颜色艳丽，而且是我国人民喜爱的一种蔬菜作物。辣椒能够丰富人们日常生活的菜篮子，丰富佳肴的色彩，丰富人们的味蕾。

盆栽辣椒具有赏食两用价值，除了有食用价值，还可以移动摆放观赏，可以用来点缀和装饰厅堂、居室和庭院。

任务设计

1. 实践场所

适合大棚种植，或选择学校种植基地和走廊等光照充足的地方。

2. 授课学时

4学时。

3. 材料和工具

6×12（72孔）或5×10（50孔）穴盘、淋水壶、长柄汤勺、小铲、口径25厘米高17厘米花盆、富含腐殖质的腐叶土（以泥炭土：园土：有机肥=2：6：1的体积比，或腐叶：园土：粗砂=1：2：1的体积比混合配制）、电磁炉、烧杯、玻璃棒、叶面肥、0.2%磷酸二氢钾和0.2%尿素混合液、过磷酸钙、磷酸二氢钾、黄板、百菌清800倍液、剪刀、红辣椒种子等。

4. 注意事项

（1）在种子消毒时，需要戴上口罩及手套，先由教师示范，学生观摩学习。

（2）在使用肥料、土壤配料时，应注意肥料使用安全。

（3）要规范化使用农具，避免受伤。

任务实施

1. 实践准备

查询天气预报，确定上课地点，在上课地点处提前准备好农具、肥料、土壤等工具和材料。提前讲解安全事项和使用工具的方法。

2. 分组和制订计划

将班级学生以3～4人分为一组，选出组长，并完成任务分工。

3. 劳动步骤

以小组为单位，成员共同完成一次盆栽辣椒栽培劳动过程。盆栽辣椒栽培劳动步骤见表3-4。

表3-4　盆栽辣椒栽培劳动步骤

序号	步骤	劳动说明	劳动标准
1	规划方案	准备劳动材料与工具。制订种子消毒、育苗、定植和苗期管理计划	方案完整，劳动步骤翔实，能够指导劳动操作。分工合理，确定每个人的劳动任务

续表

序号	步骤	劳动说明	劳动标准
2	工具分发和使用说明	清点工具数量后分发给各组成员	工具性能完整，使用规范
3	种子消毒	用电磁炉烧水至50℃左右，用烧杯盛温水浸泡种子约20分钟，注意保持水温并不断搅拌，倒出温水，用清水洗净种子	注意防烫，水温过高可适当添加冷水，水温和时间控制恰当
4	育苗	在穴盘每孔中加入八成土壤，每孔居中播种2粒种子，覆土0.5厘米左右，穴盘基质浇透水	装土和覆土深度恰当，种子数量正确，穴盘基质浇透水
5	幼苗期、中苗期管理	种子播种1周左右破土，需要保持土壤湿润。辣椒幼苗需避免暴晒，移栽初期减少太阳直射，1周后才能适应充足光照。辣椒高度到5厘米时称作中苗，这个时期用0.2%磷酸二氢钾和0.1%尿素混合液叶面喷洒，7～10天喷一次	定期浇水保持土壤湿润，定期喷施叶面肥，适当控光控温
6	盆栽定植和缓苗	幼苗长5～6片叶、茎枝饱满、根部发达时，进行移栽定植。用长柄汤勺将幼苗与土壤从穴盘孔中带土取出。在花盆中加入约半的土壤，放入幼苗后，一手扶幼苗，另一手添加土壤，土壤在花盆八分之下，花盆土壤需要加施复合肥5克，或有机肥15～20克作为底肥。定植后要3～5天浇一次缓苗水，幼苗浇水要防止倒伏。幼苗移入花盆后取一根竹条插土支撑幼苗	植株长势健壮，挖苗土球完整，盆栽苗直立性好
7	营养生长期和开花结果期管理	缓苗后到开花前，10天左右施复合肥1次，生长中期进行培根培土1次。开花期间用0.3%磷酸二氢钾进行叶面喷雾，有利于增强叶面光合作用，能加快植株生长，促进其不断开花结果，提高结果率，防止落花落果，延长采收期。同时提高辣椒品质，减少畸形果的发生，要保持土壤湿润，及时做好排水工作。定期观察病虫害发生，摘除门椒和打叉	定期浇水和施肥，定期观察病虫害发生，摘除门椒和打叉

4. 病虫害防治要点

及时清除病叶、老叶、黄叶、畸形果、病果，增加通风透光，减少病害发生。开花之前可采用黄板诱杀；用百菌清或多菌灵500倍液交替使用，每隔10～15天喷施1次，以防止病害发生。辣椒主要病害有细菌导致的“青枯病”，会导致顶端的叶片干枯，在夏季比较容易发生。出现时，可用石灰粉来治疗，严重时将病株清理出场并及时销毁。

5. 生长期记录

盆栽辣椒生长阶段变化见表3-5。

表3-5　盆栽辣椒生长阶段变化

阶段	特征	时间
发芽期	从种子发芽到第一片真叶出现为发芽期，发芽期的养分主要靠种子供给，幼根吸收能力弱	10天左右
幼苗期	从第一片真叶出现到第一个花蕾出现为幼苗期，幼苗期分为两个阶段，2～3片真叶以前为营养生长阶段，4片真叶以后，营养生长与生殖生长同时进行	50～60天
开花坐果期	从第一朵花现蕾到第一朵花坐果为开花坐果期，此期营养生长与生殖生长矛盾特别突出，主要通过控制水分等措施调节生长与发育、营养生长与生殖生长、地上部与地下部生长的关系，达到生长与发育均衡	10～15天
结果期	从第一个辣椒坐果到收获末期属结果期，此期经历时间较长，结果期以生殖生长为主，并继续进行营养生长，需水、需肥量很大	50～120天

劳动实践评价

盆栽辣椒栽培实践结束后，由组长组织小组进行讨论，充分听取大家的意见和建议，每人对自己的劳动态度、劳动质量、劳动结果进行自我评价，总结自己在劳动知识与技能、合作意识、沟通能力、吃苦耐劳精神等方面的感悟，最后教师进行总体评价。

盆栽辣椒种植管理实践评价见表3-6。

表3-6　盆栽辣椒种植管理实践评价

劳动评价（满分100分）	评价标准	成绩/分
过程评价（20分）	小组内能制订合理的分工计划，在操作过程中能相互帮助，操作流程能够更流畅地完成且完成质量较好	
自我评价（20分）	完成老师的课程要求，自己做到积极主动参与劳动过程，做到不懂的地方就问	
课程感悟（20分）	能够真正做到把自己所学到的知识用文字表达出来，能说出自己的感受	

续表

劳动评价（满分100分）	评价标准	成绩/分	
观察日记（20分）	能够坚持记录培养辣椒日记，如记录什么时间浇水、什么时间施肥、什么时间拔草、浇水几次、每个时期的株高		
成果展示（20分）	展示植物结果量或植物生长势，如叶片的大小、叶片的颜色、结果的数量		
教师评价		合计	

盆栽辣椒见图3-2。

图3-2　盆栽辣椒

任务三　盆栽香菜种植管理

学习目标

知识目标

了解盆栽种植的相关知识，掌握香菜盆栽种植的方法和技术要求。

技能目标

能根据香菜的生长特点，独立完成香菜种植的相关工作，掌握盆栽技术中装盆、移苗、浇水和施肥技能。

素养目标

通过香菜的盆栽种植，了解盆栽蔬菜的“绿色、生态”理念，通过盆栽香菜的美化生活种植方式，达到陶冶身心的目的。

必备知识

香菜，别名芫荽、胡荽、香荽，为伞形科芫荽属，原产地是欧洲地中海地区。香菜是人们熟悉的提味蔬菜，状似芹，叶小且嫩，茎纤细，味郁香，是汤、饮中的佐料，多用于做凉拌菜佐料，或烫料、面类菜中提味用。香菜适宜生长温度为17~20℃，超过20℃生长缓慢，30℃则停止生长。香菜对土壤要求不严，但土壤结构好、保肥保水性能强、有机质含量高的土壤有利于香菜生长。

盆栽种植是指在盆内种植而非地面种植，与传统栽培相比，栽培盆栽蔬菜农产品具有节约土地、更高生产率、更高质量等多种优势。随着个人健康意识及对食品安全的关注度不断提高，盆栽蔬菜农产品作为直接获得优质及新鲜蔬菜的渠道，在城镇居民及餐厅中日益流行。盆栽蔬菜生产的新鲜、安全、放心的有机蔬菜，具有“绿色、生态”的特点，可以起到绿化、美化环境和促进身心健康的作用。

任务设计

1. 实践场所

要求宽阔、通风、光照良好的场所，可以在家庭阳台、学校基地实施。

2. 授课学时

2学时。

3. 材料和工具

香菜种子、泥炭土、珍珠岩、园艺蛭石、铁铲、小铲、洒水壶、塑料花盆。

4. 注意事项

劳动前进行安全教育，注意农具使用安全。劳动时注意各个环节的技术要点和日常管理，确保香菜良好生长。生长管理期间，注意用肥用药安全。

任务实施

1. 分组和制订计划

3~5人分为一组，并任命组长。小组成员共同讨论，制订劳动目标和计划，根据成员个人优势协商确定任务分工。

2. 劳动步骤

以小组为单位，成员共同完成一次香菜的盆栽种植劳动过程。盆栽香菜种植劳动步骤见表3-7。

表3-7　盆栽香菜种植劳动步骤

序号	步骤	劳动说明	劳动标准
1	规划方案	制订详细的香菜种植方案和具体实施步骤，明确成员间分工和劳动内容	方案完整，劳动步骤翔实，能够指导劳动操作
2	材料与工具准备	准备各环节需要的材料与工具	清点数量，摆放整齐
3	种子的处理	香菜种子一般带有硬壳，不利于发芽生长，可以用手或是鞋底将其搓开变成两半，然后放入35~40℃的温水中浸泡6小时，浸泡时可以适当用手搓动种子，确保分开	种子外壳处理干净，浸种后观察种子，有30%的种子露白后即可用于播种
4	有机质土壤的配制	将泥炭土、珍珠岩、园艺蛭石，按体积比3∶1∶1进行配制，将混合好的土壤加入花盆的3/4	泥炭土、珍珠岩、园艺蛭石以一定比例混合
5	育苗	每盆撒入10~12粒种子，再加一层1~2厘米厚度的土壤，轻轻压平土壤，然后浇透水	浇水一定要浇透，直至水从花盆底部漏出，不能用大水冲灌，防止将种子冲出花盆
6	工具与场所清理	完成种植后，清理现场，清洗干净工具，确保栽培场所干净有序	栽培场所整洁，工具整齐干净
7	生长期管理	加强生长期间的水肥管理、植株调整与病虫害防控，定期浇水处理，每天注意观察，记录香菜生长情况	养分供应充足，生长环境适宜，注意病虫害防控，数据记录完整

3. 常见病虫害

常见病害：菌核病、叶枯病、斑枯病、根腐病、白粉病。

常见虫害：蚜虫、茴香凤蝶。

4. 生长期记录

香菜生长期现象描述见表3-8。

表3-8 香菜生长期现象描述

生长时期	生长现象描述
幼苗期	小苗长到3~4片叶子时，要定期补充肥水
生长期	香菜生长期一般是30~60天，叶数和株高逐渐增加，无明显黄叶
收获期	根据个人需求，株高20~30厘米时采收
开花结果期	开花后，种子逐渐成熟，将成熟的种子晒干后可以留种

劳动实践评价

盆栽香菜种植实践结束后，由组长组织小组进行讨论，充分听取大家的意见和建议，每人对自己的劳动态度、劳动质量、劳动结果进行自我评价，总结自己在劳动知识与技能、合作意识、沟通能力、吃苦耐劳精神等方面的感悟，最后由教师进行总体评价。

盆栽香菜种植管理实践评价见表3-9。

表3-9 盆栽香菜种植管理实践评价

劳动评价（满分100分）	评价标准	成绩/分	
过程评价（20分）	能正确使用工具，熟悉香菜盆栽种植的过程		
自我评价（20分）	能主动总结、交流和评价课程成果，并提出疑问		
课程感悟（20分）	能够通过课程感悟和享受劳动教育的乐趣，能深刻理解香菜盆栽种植的意义		
观察日记（20分）	能够通过记录香菜的生长情况来书写完整的观察日记		
成果展示（20分）	能够将香菜采收并参与香菜的制作		
教师评价		合计	

盆栽香菜见图3-3。

图3-3　盆栽香菜

任务四　芭奇多向日葵小盆栽的种植管理

学习目标

知识目标

通过种植与养护，了解向日葵的基本生长规律和生长特性，学习盆栽植物种植的相关知识及养护要点。

技能目标

能够根据盆栽向日葵的种植要求，合作完成一个盆栽向日葵的种植，并根据其种植技术要点，养护至开花，最终掌握盆栽种植的技能。

素养目标

在向日葵盆栽的种植与养护过程中，培养向日葵般积极向上的精神和对美好生活的向往。

必备知识

“芭奇多”是一个全新的向日葵品种，球状、自然矮化的植株形态非常适合于容器种植。芭奇多向日葵株高仅为50厘米，具有矮生性，株型紧凑，能产生大量的分枝，这些侧生花头可确保植株形成一个饱满的圆球。因此，芭奇多向日葵是比较完美的观赏向日葵盆花品种之一。

任务设计

1. 实践场所

要求阳光充足，温度适宜，避免空旷风口造成植株倒伏。可以在光照充足的学校走廊或家中阳台实施。

2. 授课学时

3学时。

3. 材料和工具

芭奇多向日葵种子、培养土、粗砂、腐叶土、氮磷肥、小铲子、小盆（口径20～25厘米）、小喷壶、穴盘。

4. 注意事项

（1）劳动前进行安全教育，注意工具使用安全。劳动时注意各个环节的技术要点和日常管理，确保向日葵良好生长。生长管理期间，注意用肥用药安全。

（2）向日葵为喜凉作物，南方播种一般为春季3～4月和秋季9～11月。

（3）劳动过程注意防晒、防蚊、防虫，提前做好身体防护措施。

任务实施

1. 分组和制订计划

3～5人分为一组，并选出小组负责人。小组成员共同讨论，制订劳动目标和计划，根据成员个人优势协商确定任务分工。

2. 劳动步骤

以小组为单位，成员共同完成一次芭奇多向日葵小盆栽的种植劳动过程。芭奇多向日葵小盆栽的种植管理劳动步骤见表3-10。

表3-10 芭奇多向日葵小盆栽的种植管理劳动步骤

序号	步骤	劳动步骤	劳动标准
1	规划方案	首先准备好前期材料与工具，再进行选种，选择健康饱满的种子，提前一晚用清水浸泡种子催芽，再进行种植基质的配制，配制基质后将种子穴播进基质土中，并浇水使得土壤湿透，再定时进行浇水管理，病虫害防治	方案完整，劳动步骤翔实，能够指导劳动操作。分工合理，确保每个人动手参与
2	材料与工具准备	准备各环节需要的材料与工具。按小组分配工具与种子，让每组的负责人来领取种子与工具	清点数量，摆放整齐
3	种植基质配制	提前将基质按照比例混合均匀待用，栽培基质为培养土、腐叶土和粗砂，粗砂的质量起到稳定花盆的作用	将培养土、腐叶土和粗砂各1份混合均匀后覆满穴盘
4	种子种植和移栽	选取健康、饱满、无虫害的种子。每穴播1粒种子，播种后覆土0.8～1.0厘米，早晚浇透水保持土壤湿润	播种之后保持好温度，适当浇水保持湿润，养在向阳处，经过3～4天就能发芽。苗高5～6厘米时就可移栽至小花盆
5	工具与场所清理	完成种植后，清理现场，确保栽培场所干净有序。负责人清点工具并归还	栽培场所整洁，工具整齐干净、无丢失
6	生长期管理	加强生长期间的水肥管理、植株调整与病虫害防控	养分供应充足，生长环境适宜，注意病虫害防控

3. 常见病虫害

常见病害：主要有菌核病和锈病。

常见虫害：螟虫、蓟马、白粉虱。

4. 生长期记录

向日葵生长期现象描述见表3-11。

表3-11 向日葵生长期现象描述

生长时期	生长现象描述
出苗期	向日葵种子在土壤温度超过2℃时即可萌动；当土壤温度达10～20℃时，就能迅速发芽出苗
现蕾期	向日葵的顶端被一个小苞片包围，被称为“花蕾”，花蕾的直径达到1厘米时，进入现蕾期
开花期	向日葵现蕾后经半个月左右就开始开花，开花盛期在始花期后的3～5天，一般开花持续10天左右
成熟期	从向日葵开完花，直到籽粒完全成熟为止

5. 后续养护

（1）芭奇多对光照十分敏感。它的花盘甚至会跟着太阳的位置转动。在向日葵生长期间必须要充足的光照，可以常年接受全日照，这样植株才会健壮生长，花色才会更加的艳丽。如果光照不足，则会导致植株叶片下垂，花盘质量不高。

（2）芭奇多根系发达。充足的水分有利于生长，但干旱的环境则更有利于根系的生长，所以不能一直保持盆土湿润，浇水要遵循“干湿相间”的原则，也就是时而干旱时而湿润。

（3）芭奇多比较喜肥。在生长期间可以每隔7～10天施加一次稀薄复合肥水。出苗期施肥主要以氮肥为主，促进枝叶的生长。在现蕾期则要追施磷钾肥，促进花蕾的发育生长，提高开花质量。

劳动实践评价

芭奇多向日葵小盆栽的种植实践结束后，由组长组织小组进行讨论，充分听取大家的意见和建议，每人对自己的劳动态度、劳动质量、劳动结果进行自我评价，总结自己在劳动知识与技能、合作意识、沟通能力、吃苦耐劳精神等方面的感悟，最后教师进行总体评价。

芭奇多向日葵小盆栽的种植管理实践评价见表3-12。

表3-12　芭奇多向日葵小盆栽的种植管理实践评价

劳动评价（满分100分）	评价标准	成绩/分	
过程评价（20分）	学生积极参与课程，能够共同合作完成芭奇多向日葵的种植过程		
自我评价（20分）	学生在种植过程中操作规范，养护过程中细心，以及在种植过程能够对自己的劳动结果进行自我评价		
课程感悟（20分）	学生对种植与养护过程中能够感悟种植芭奇多向日葵的意义		
观察日记（20分）	能够详细地记录芭奇多向日葵的生长过程，并拍照整理成相关的笔记		
成果展示（20分）	向日葵开花后由学生和老师共同验收和互评成果		
教师评价		合计	

芭奇多向日葵花蕾见图3-4，芭奇多向日葵开花见图3-5。

图3-4　芭奇多向日葵花蕾

图3-5　芭奇多向日葵开花

任务五　盆栽薄荷的繁殖

学习目标

知识目标

通过本次课程，学习薄荷的种植和养护知识，熟悉薄荷盆栽种植方法。

技能目标

根据薄荷的生理特点，掌握薄荷的种植技术，达到提高薄荷成活率和品质的目的。

素养目标

薄荷的花语是品德美好、谦虚有礼、待人坦诚。通过薄荷的种植和观赏，培养真诚做人的品质。

必备知识

薄荷，唇形科薄荷属植物，是常见中草药之一，也称“银丹草”，多生于山野、湿地、河边，是一种有特殊经济价值的芳香作物。薄荷长势翠绿葱郁，幼嫩茎尖可作菜食，全草可入药。

薄荷是多年生草本植物，茎直立，其生长适宜的温度为25～30℃，性喜阳光，为长日照作物，一般在春季或秋季种植较适宜。薄荷的繁殖方法主要有播种、扦插和分株。

播种繁殖：配制好土壤，将薄荷种子点播在土壤中，覆盖一层细土，轻轻压实土壤，土壤都浇透水，直到生根发芽。

扦插繁殖：剪取母株的枝条（母株选择生长健壮的植株），将基部叶片剪掉，保留3～5片叶子，每片叶子剪除半片，把剪好的枝条插入水中，每天换一次清水，等待薄荷生出水根后，再移植到土壤中。

分株繁殖：把母株取出，分成2～3丛，每丛都需带有一定的根系，将分好的子株分别栽种到准备好的营养土中，然后浇水浇透，放到阴凉处适应一下环境，缓苗几天后放到光线充足的地方。

任务设计

1. 实践场所

要求阳光充足，少尘环境。可以选择学校实训基地或者家庭阳台。

2. 授课学时

2学时。

3. 材料和工具

处理好的薄荷种子、薄荷母株、口径30～40厘米的花盆、口径5厘米左右的塑料杯、椰糠、泥炭土、珍珠岩、有机肥、铁铲、小铁铲、洒水壶、小剪刀。

4. 注意事项

每次劳动操作前进行安全教育，注意农具的使用安全。农具使用后及时清洗干净并归还。注意种植后的管理工作，注意用肥安全。

任务实施

1. 分组和制订计划

每3～5人分为一组，定好小组名称，并选出组长。小组成员共同讨论，制订计划，相互合作，共同完成本次劳动任务。

2. 教师讲解和示范

教师讲解薄荷的繁殖方法及具体的劳动步骤和注意事项，示范各个实践环节。

3. 劳动步骤

实践前准备工作：组长领取每组的实验工具，分发给组员，并清点数量。教师课前配好营养土（体积分数：40%椰糠、50%泥炭土、5%有机肥、5%珍珠岩）。

盆栽薄荷三种繁殖方法的劳动步骤见表3-13。

表3-13　盆栽薄荷三种繁殖方法的劳动步骤

步骤	序号	步骤	劳动说明	劳动标准
播种繁殖	1	装盆	小组领取花盆和配制的营养土，营养土装盆离口2～3厘米，轻轻压平土壤	装满即可，切忌用力压实
	2	选种	每个小组取30粒薄荷种子	应选取饱满、成色较好的种子，提高成活率
	3	播种	将薄荷种子点播在土壤中，覆盖一层细土，轻轻压实土壤，覆土后浇透水至盆底渗出水	种子点播均匀，覆盖薄土1厘米左右。浇水至盆底有水渗出，浇水压力缓和，不冲走表层土壤
	4	标记与放置	在标签牌上写上播种繁殖的组名和日期，分组间隔摆放整齐	标记准确，分组集中摆放
扦插繁殖	1	剪枝	用塑料杯取2/3杯清水，剪取母株生长健壮的枝条，长度5～8厘米即可，将底部的叶子去掉，只留3～5片叶子，把剪好的扦插枝条插入水中吸水	为增大吸水面积，剪株时要斜剪。每天更换一次清水，观察薄荷生根
	2	标记与摆放	在标签牌上写上扦插繁殖，以及组名和日期，分组集中摆放整齐	标记准确，摆放整齐
	3	移植	把生出一定数量根的植株移栽到土中，可露天栽培或盆栽。移栽后可适当遮阳处理	种植完成后要将土壤压实，首次浇水需浇透
分株繁殖	1	分株	取分好的母株一小株，移栽到营养土中，轻轻把土压实，浇一次透水	取株时要保护好根系，根系要带土，浇水时浇透
	2	标记与放置	在标签牌上写上分株繁殖，以及各自的组名和日期，放到自己组旁	标记准确，盆与盆间隔5～10厘米，避免相互遮光

4. 生长期记录

每天观察本小组三种繁殖方法的植株生长情况，记录下自己的观察日记。

盆栽薄荷播种繁殖不同生长期现象描述见表3-14。

表3-14　盆栽薄荷播种繁殖不同生长期现象描述

生长时期	生长现象描述
发芽期	种子播种后7～15天发芽

续表

生长时期	生长现象描述
幼苗期	从第一片真叶显露持续1～2个月
成熟期	根系、叶子、高度达到生长极限，一般3个月后即可成熟
开花结实期	长出雪白色簇状的花

劳动实践评价

薄荷繁殖方法实践结束后，由组长组织小组进行讨论，听取大家的意见和建议，每人对自己的劳动态度、劳动质量、劳动结果进行自我评价，总结自己在劳动知识与技能、合作意识、沟通能力、吃苦耐劳精神等方面的感悟，最后教师进行总体评价。

盆栽薄荷繁殖方法实践评价见表3-15。

表3-15　盆栽薄荷繁殖方法实践评价

劳动评价（满分100分）	评价标准	成绩/分	
过程评价（20分）	全过程参与课程活动，操作完整正确		
自我评价（20分）	根据过程，自我评价参与程度和知识技能掌握程度		
课程感悟（20分）	感悟深刻，能较好地阐述各关键环节的内心感受		
观察日记（20分）	认真记录，数据和描述翔实		
成果展示（20分）	植株健壮美观，无明显病虫害		
教师评价		合计	

薄荷种子繁殖的发芽率见表3-16。

表3-16　薄荷种子繁殖的发芽率

播种数量	发芽数量	发芽率/%

$$发芽率=\frac{发芽数量}{播种数量}\times 100\%$$

薄荷扦插繁殖（水培）的生根数目见表3-17。

表3-17　薄荷扦插繁殖（水培）的生根数目

观察时间	生根数目
第一周	
第二周	

盆栽薄荷纵观图见图3-6，盆栽薄荷侧面图见图3-7。

图3-6　盆栽薄荷纵观图

图3-7　盆栽薄荷侧面图

任务六　多肉植物的艺术组盆

学习目标

知识目标

了解多肉植物所属种类及习性，通过多肉植物组盆实践，加深对多肉植物组盆的相关知识的学习。

技能目标

根据多肉植物的习性、形态及颜色等特点，搭配出生动美观的多肉植物组盆，掌握多肉植物组盆的种植方法、技术及后期管理要点。

素养目标

通过多肉组盆劳动过程，接触绿色自然，感受生活乐趣，陶冶情操，提高植物组盆的艺术鉴赏和审美能力。

必备知识

多肉植物的组合盆栽观赏性强，是园艺花卉艺术之一，它主要是通过艺术配置的手法，将多种不同颜色和形态的多肉植物同植在一个容器内。色彩搭配、植株分配和花盆选择是制作出漂亮多肉植物盆栽的关键技巧，用多肉打造出不同风格的造型，创造出错落有致和充满艺术感的微景观，可以放在庭院、窗边观赏，或者送一盆给重要的人。

在花盆的选择上，多肉一般以浅盆种植为主，可以采用塑料盆、陶盆或手绘盆。在色彩搭配上，若选择有花纹的花盆，花盆的颜色要与多肉颜色相近；若选择纯色花盆，多肉的颜色宜与花盆的颜色相反。一般幼株用小口径的花盆，成年多肉用大口径的花盆。

多肉喜温不耐寒，植株怕冻，在冬季期间，要将多肉移到室内温暖的位置养护，过冬温度需在5℃以上。多肉喜光照但怕强光照射，在光照过强期间，要做好遮阳工作，避免植株被晒伤。多肉组盆还可以选择同科搭配，方便种植与日常管理。

任务设计

1. 实践场地

室内或花卉温室，光线良好，通风，具有操作台。

2. 授课学时

1学时。

3. 材料和工具

陶瓷花盆（口径7～9厘米，高5.5～7厘米）、多肉专用营养土、小彩石、装饰物（动物、房子等小摆件）、陶土、填土器、铲土勺、洗瓶（用于浇水）、不同品种不同大小的多肉植物、手套。

4. 注意事项

劳动前进行安全教育，注意工具的使用安全，提醒学生戴好手套，防止带刺植物扎手（如小仙人球、金手指等），注意装盆时不要损坏多肉叶片。

任务实施

1. 分组和制订计划

2人一组，每组陶瓷花盆2个、多肉植物5～8株（按植物大小和形态决定）。

2. 教师讲解和示范

教师讲解多肉植物的艺术组盆的具体劳动步骤和注意事项，示范各个实践环节。

3. 劳动步骤

以小组为单位，成员共同完成一次多肉植物的艺术组盆劳动过程。多肉植物的艺术组盆劳动步骤见表3-18。

表3-18 多肉植物的艺术组盆劳动步骤

序号	步骤	劳动说明	劳动标准
1	材料与工具准备	准备各环节需要的材料与工具，构思组盆的造型	清点数量，摆放整齐
2	盆底铺基质	在盆底铺上一个滤纱网，铺平1cm厚度的陶土，避免介质流失。用填土器装入适量的营养土	盆底不漏土，营养土大概铺至花盆七成满
3	造型组盆	分株和修剪多肉植物，小心植入不同的多肉植物，并固定好根部，调整植株间距，再薄薄覆一层土	叶片不埋土，清理叶片残留的营养土，保持整体美观整洁
4	造型美化	放入小彩石，加入装饰物	小彩石覆盖住营养土，装饰物点缀美观
5	浇水	用洗瓶在根部浇水，土壤湿润即可	尽量不让水触碰多肉叶面
6	工具与场所清理	完成组盆后，清理现场，清洗工具并摆放整齐，确保实践场所干净整洁	实践场所干净整洁，工具整齐干净
7	课后管理	将盆栽整齐放在通风透光处，定期安排人员浇水，浇水不宜过多，土壤差不多干透后再浇水，避免浇水过多导致植物烂根	保持盆栽的整齐摆放，保证植物存活

劳动实践评价

多肉植物的艺术组盆实践结束后，组员分享个人劳动心得体会，充分听取大家的意见和建议，每人对自己的劳动态度、劳动质量、劳动结果进行自我评价，总结自己在劳动知识与技能、合作意识、沟通能力、吃苦耐劳精神等方面的感悟，最后教师进行总体评价。

多肉植物的艺术组盆实践评价见表3-19。

表3-19　多肉植物的艺术组盆实践评价

劳动评价（满分100分）	评价标准	成绩/分	
过程评价（30分）	能够独立自主认真完成组盆全过程，保证现场及工具的整洁		
自我评价（20分）	掌握组盆的知识与方法，体会热爱劳动、吃苦耐劳、团结协作的劳动精神		
课程感悟（20分）	与同学分享心得体会，对劳动成果进行分享探讨		
成果展示（30分）	盆栽整体美观整洁		
教师评价		合计	

多肉植物的艺术组盆见图3-8。

图3-8　多肉植物的艺术组盆

任务七　蕨类植物的组合盆栽

学习目标

知识目标

了解蕨类植物独特的形态特征和生长环境要求，掌握其生活习性和养护知识。

技能目标

能根据蕨类植物盆栽的养护特点，独立完成养护相关工作，达到学会蕨类植物盆栽的栽培技能和日常养护能力的目的。

素养目标

通过蕨类组合盆栽的养护，培养善于观察的能力，养成静心思考的习惯和美学鉴赏的能力。

必备知识

蕨类植物是大家较喜欢养在家里的植物之一，其喜爱阴湿温暖的环境较易养护，故而被广泛栽培，而且其因在形态上的独特美感又被广泛应用在盆栽景观中。大多数种类怕烈日照晒，喜生于有机质丰富、透水性好而且疏松的微酸性土壤。蕨类植物多是以孢子繁殖和珠芽繁殖，也可通过人工进行繁殖，可用扦插和分株方法进行。

蕨类叶片形态优美，可以通过不同形态和大小的蕨类植物组合搭配在一起，形成一个具有观赏性价值的植物盆栽。

任务设计

1. 实践场所

要求阳光温和、环境湿润的环境，冬季可以大棚种植。

2. 授课学时

1学时。

3. 材料和工具

3~6种不同的蕨类植物、泥炭土、沙质土、复合肥、铁铲、小铲、花盆（视提供的蕨类植物的大小而定）、洒水壶、剪刀、彩石、苔藓、小喷壶。

4. 注意事项

劳动前进行安全教育，注意农具使用安全。劳动时注意各个环节的技术要点和日常管理，确保蕨类植物的良好生长。生长管理期间，注意用肥安全。

任务实施

1. 分组和制订计划

3～4人分为一组，并任命组长。小组成员共同讨论，制订劳动目标和计划，协商确定任务分工。

2. 劳动步骤

以小组为单位，成员共同完成一次蕨类植物的组合盆栽的劳动过程。蕨类植物的组合盆栽劳动步骤见表3-20。

表3-20 蕨类植物的组合盆栽劳动步骤

序号	步骤	劳动说明	劳动标准
1	规划方案	制订详细的蕨类植物栽培方案和具体实施步骤，明确成员间分工和劳动内容	方案完整，劳动步骤翔实，能够指导劳动操作
2	材料与工具准备	准备各环节需要的材料与工具及蕨类植株	清点工具数量，摆放整齐
3	种植基质配制	提前将基质按照比例混合均匀待用	将泥炭土和沙质土按照体积比4：1配制后，加入少量复合肥，用铁铲均匀混合
4	植株修整	提前准备好几种蕨类植物，用剪刀修剪蕨类黄化的叶片和老根	修剪后植株形态美观
5	栽培	花盆中装入基质，根据植株大小，自由组合移栽至花盆中。植株定植后，用喷水壶慢慢浇水，保证花盆土壤完全湿润。利用苔藓、小装饰、彩石装饰表层	盆栽蕨类层次感明显，造型优美，装饰搭配合理
6	工具与场所清理	完成种植后，清理现场，确保栽培场所干净有序	栽培场所整洁，工具整齐干净
7	生长期管理	加强生长期间的水肥管理、植株调整与病虫害防控，观察和记录蕨类植物生长情况	养分供应充足，生长环境适宜，注意病虫害防控，数据记录完整，保持湿润的环境

3. 常见病虫害

常见病害：炭疽病、褐斑病、线虫病、锈病、煤污病、猝倒病等。

常见虫害：介壳虫、蚜虫、红蜘蛛、蛞蝓。

4. 环境因素病害

（1）日灼病　多数蕨类喜温暖半阴，不耐强光。强烈光直射会使叶片干缩脱水，枯黄或焦边。防治方法：在半阴状态下，辅以2～3小时的阳光，可保持蕨叶常绿。应及时剪去焦枯的蕨叶，保持叶片整齐，悉心养护，避免受到强烈光线的刺激。

（2）湿度失调　空气过于干燥，易造成叶片卷边。防治方法：高温干旱季节需适时浇水，保持栽培土湿润，同时避免土壤过湿，以免造成根系生长不良。秋末应控制浇水，保持稍湿润即可。越冬休眠期应减少喷水，以免烂叶。土壤状况不好时可换盆换土。

（3）温度不适

① 高温危害：大部分蕨类植物要求适温为18～25℃。盛夏短时的高温也会使蕨叶萎蔫、灼焦。因此，从4月下旬开始，要通过覆盖遮阳、地面洒水及通风措施来降低温度。

② 低温危害：铁线蕨等半耐寒蕨类要求气温不能低于5℃，下延三叉蕨、鸟巢蕨、瘤蕨等不耐寒蕨类则不能低于10℃。温度太低，叶片受伤害，引起萎蔫、变黑，甚至植株死亡。

（4）营养不良

① 缺素症：土壤中缺乏氮、钾、钙、镁、硫等元素，易造成蕨类生长发育异常。铁线蕨、银粉背蕨、矩圆石韦等喜钙蕨类，可在栽培土中掺入少量石灰、骨粉、碎蛋或贝壳粉等。紫萁、狗脊、鸟巢蕨、乌蕨等喜酸蕨类，应定期喷施0.1%～0.2%硫酸亚铁溶液或结合施肥浇矾肥水。

② 营养过剩症：主要指氮、磷、锰、硼等元素过剩。肥害严重时，可用冲水施救，具体做法是将土疏松，用长流自来水冲洗土壤1～2个小时，一般冲洗1～2次即可见效。生产上应注意施肥次数和肥料浓度，尽量使用肥效持久的农家肥，如厩肥、骨粉、饼肥、草木灰等，以保持蕨类旺盛生长。

劳动实践评价

蕨类植物盆栽的栽培实践结束后，由组长组织小组进行讨论，充分听取大家的意见和建议，每人总结自己在劳动知识与技能、合作意识、沟通能力、吃苦耐劳精神等方面的感悟，最后教师进行总体评价。

蕨类植物的组合盆栽实践评价见表3-21。

表3-21 蕨类植物的组合盆栽实践评价

劳动评价（满分100分）	评价标准	成绩/分	
过程评价（20分）	积极参与和回答问题，能跟组员团结合作完成种植，完整按照要求操作		
自我评价（20分）	认真听讲，实操能力强，盆栽搭配好看，可鉴赏度高		
课程感悟（20分）	体会蕨类组合盆栽的乐趣，欣赏不同种类的蕨类植物带来的视觉效果，提高审美和鉴赏能力		
观察日记（20分）	定期对组合盆栽中的蕨类的生长进行观察并跟进记录，记录的内容具体，数据完整可靠		
成果展示（20分）	蕨类组合盆栽展示，搭配好看规整，赏心悦目		
教师评价		合计	

蕨类植物组合盆栽见图3-9。

图3-9 蕨类植物组合盆栽

任务八 袖珍椰子水培盆栽

学习目标

知识目标

通过袖珍椰子水培盆栽，学习水培制作的基础理论知识，以及水培的基本方法与基本步骤，了解水培制作过程。

技能目标

能够完成袖珍椰子水培盆栽过程，掌握袖珍椰子水培盆栽的制作与养护方法，提高动手制作能力。学习袖珍椰子的生长过程，了解袖珍椰子的生长习性。

素养目标

通过袖珍椰子水培盆栽，养成科学种植思维，培养对生活美的认识。

必备知识

袖珍椰子是棕榈科竹棕属常绿小灌木，盆栽高度一般不超过1米。袖珍椰子茎干直立，穗状花序腋生，花黄色，呈小球状，雌雄异株，雌花序营养条件好时稍下垂，浆果橙黄色。袖珍椰子养护环境的气温维持在18～30℃，冬季不应低于10℃。袖珍椰子喜半阴，要注意光照的强度，给它明亮的散光最好，还要在平时勤浇水。要注意的是，当它的根系生长较快时，应换容器。

水培是一种新型的植物无土栽培方式，又名营养液栽培，其核心是将植物的根系直接浸润于营养液中，这种营养液能替代土壤，向植物提供水分、养分等生长因子，使植物能够正常生长。

任务设计

1. 实践场所

要求环境半阴，温度适宜，可在家庭阳台、学校基地等实施。

2. 授课学时

1学时。

3. 材料和工具

底部无孔或侧面开孔的陶瓷或玻璃容器、袖珍椰子、观赏石头、摆件、观叶营养液。

4. 注意事项

劳动前进行安全教育，注意工具使用安全，移动玻璃容器时小心倾倒以免将玻璃容器摔坏。

任务实施

1. 分组和制订计划

2~3人分为一组，并任命组长。小组成员共同讨论，制订劳动目标和计划，确定任务分工。

2. 劳动步骤

以小组为单位，成员共同完成一次袖珍椰子水培盆栽制作劳动过程。袖珍椰子水培盆栽劳动步骤见表3-22。

表3-22 袖珍椰子水培盆栽劳动步骤

序号	步骤	劳动说明	劳动标准
1	规划方案	制订洗根、选苗、剪旧根、定植、水培方案	方案完整，劳动步骤翔实，能够指导劳动操作
2	材料与工具准备	准备各环节需要的材料与工具、材料和配制营养液	清点数量，摆放整齐
3	营养液准备	提前购买袖珍椰子水培所需的营养液	购买符合标准的稀营养液
4	水培过程	将袖珍椰子的根部洗净后，放入侧面开孔的陶瓷或玻璃容器中，让根部尽量分散开来，再添加观赏石头做固定基质，2~3厘米厚，再把植株放入花盆中。栽培之后把稀营养液倒入玻璃器皿中	保证根系向四周展开，然后填满干净的陶粒，离盆缘3~5厘米放在花盆的中心部位
5	洗根	从育苗盆中轻轻拔出袖珍椰子，用手剥离根部土壤，然后用水洗净根部余泥，露出根系	植株剥离完整，根系干净
6	选苗	选择植株健壮、无病斑和根系完整的袖珍椰子作为水培用苗	植株健壮美观，根系健康
7	剪旧根	将根洗净，除去发黑和老化旧根，保留白色幼嫩根系，并使根张开。完成后将植株浸入清水中备用	幼嫩根系保留完整
8	定植	选择底部无孔或侧面开孔的陶瓷或玻璃容器，并且要适合植株的大小。 定植时铺上洗净的陶粒，2~3厘米厚。再把植株放入花盆中部，根系向四周展开，然后填充陶粒固定植株，离盆缘3~5厘米时，放置干净的大粒或中粒观赏石头做固定基质	选盆大小合适，植株直立稳定
9	水培	移栽后要注入配制好的稀释营养液，直到容器高度的1/5即可	营养液高度合适

续表

序号	步骤	劳动说明	劳动标准
10	工具与场所清理	完成制作后，清理现场，确保栽培场所干净有序	栽培场所整洁，工具整齐干净
11	生长期管理	袖珍椰子生长较快，待根长满后，可把1/3的根去除，同时修剪干枯黄叶，冲洗基质后，换上大一号的容器。 水培袖珍椰子在初期2～3天换一次水，长出水生根后10～15天换一次水。袖珍椰子换水时加入观叶植物营养液。空气干燥时，应常向叶面喷水，以保持生长和叶面深绿并有光泽	养分供应充足，通风，生长环境适宜，常年保持盆土湿润

3. 常见管理方法

袖珍椰子生长期管理见表3-23。

表3-23　袖珍椰子生长期管理

常见问题	防治办法
植株叶片焦边或叶色变淡并失去光泽	袖珍椰子喜半阴，在室内最好放在窗边明亮处
叶片干燥变棕	在生长期间要保持土壤湿润，在干燥时期如秋季要采取向叶面经常喷水等措施来提高植株叶面湿度
褐叶圆蚧虫害	利用红点唇瓢虫，以虫治虫；当幼虫大量出现时，可用40%氧化乐果1000倍液喷雾，每周喷1次
炭疽病病害	加强养护，不要碰伤叶片，使叶片保持清洁；夏季每隔15天需喷一次1%波尔多溶液
叶斑病和根腐病病害	保持环境通风和土壤透气，可用甲基托布津和百菌清防治

劳动实践评价

袖珍椰子水培盆栽实践结束后，由组长组织小组进行讨论，充分听取大家的意见和建议，每人对自己的劳动态度、劳动质量、劳动结果进行自我评价，总结自己的劳动知识与技能、合作意识、沟通能力、吃苦耐劳精神等方面的感悟，最后由教师进行总体评价。

袖珍椰子水培盆栽实践评价见表3-24。

表3-24　袖珍椰子水培盆栽实践评价

劳动评价（满分100分）	评价标准	成绩/分	
过程评价（20分）	操作完整、正确且有序，能够和小组共同完成袖珍椰子的水培过程，并能够积极回答实践问题		
自我评价（20分）	能够有较好的自主动手能力，以及自主提问和解决能力		
课程感悟（20分）	能够深刻感悟课程实践过程，有较好的课程总结能力与领悟能力		
观察日记（20分）	能够拥有详细的观察日记，包括袖珍椰子生长的各个时期		
成果展示（20分）	能够培育出完整、健壮的水培袖珍椰子盆栽		
教师评价		合计	

袖珍椰子水培盆栽见图3-10。

图3-10　袖珍椰子水培盆栽

任务九　金针菇的瓶装种植管理

学习目标

知识目标

了解瓶装种植的相关知识，能根据菌种的生长和繁殖特点，掌握金针菇瓶装种植的方法和技术要求。

技能目标

能够独立完成菌种接种、基质配制和种植管理相关工作。

素养目标

通过金针菇瓶装种植的劳动实践和资源再利用活动，树立节约资源和农产品安全意识，培养勤于思考和善于观察的思维。

必备知识

金针菇，口蘑科金针菇属菌类。其菌盖球形，边缘薄，黄褐色，表面黏滑，基部相连，呈簇生状。干品形似金针菜，故名金针菇。金针菇菌丝生长温度为15～25℃，出菇温度为8～15℃，要求空气相对湿度90%～95%，可根据不同气候特点选择适宜季节栽培。

瓶装种植是一种简易、方便的作物栽培技术。瓶装种植是指以日常可见的一些塑料、玻璃、陶瓷等制成的容器作为提供植物萌芽、生长、发育的场所的一种栽培方法。瓶装种植中植物所需的营养物质来源可根据植物需求随时更换，且易于调节。瓶装种植根据植株不同可选择不同材质的容器进行种植。瓶装种植可以随时移动，便于观察、运输、调节苗间距，且材料易得，价格实惠，种植的成活率较高。

任务设计

1. 实践场所

要求干净、通风效果好、避光保湿的室内、种植箱或者大棚种植。如果大量种植，需要设置栽培架，每架5～6层，层距45～50厘米，栽培架间留过道80厘米，便于操作管理。

2. 授课学时

1学时。

3. 材料和工具

金针菇菌种、手套、小铲、大铲、锄头、回收塑料瓶、棉籽壳、白糖、熟石灰、麦麸、水、84消毒液。

4. 注意事项

劳动前进行安全教育，注意农具使用安全。劳动时注意各个环节的技术要点和日常管理，确保金针菇良好发育。提前进行紫外灯场所消毒，人进入场所注意关闭紫外灯。生长管理期间注意用肥用药和铁器工具的使用安全，宣讲禁止食用野生菌的安全知识，科普野生菌中毒知识和急救方法。收获后的菌渣培养料作为有机肥用于其他作物种植。

任务实施

1. 分组和制订计划

3～5人分为一组，并任命组长。小组成员共同讨论，制订劳动目标和计划，确定任务分工。

2. 劳动步骤

以小组为单位，成员共同完成一次金针菇瓶装种植劳动过程。金针菇瓶装种植管理劳动步骤见表3-25。

表3-25 金针菇瓶装种植管理劳动步骤

序号	步骤	劳动说明	劳动标准
1	规划方案	制订详细的金针菇瓶装种植方案和具体实施步骤，明确成员间分工和劳动内容	方案完整，劳动步骤翔实，能够指导劳动操作
2	材料与工具准备	准备各环节需要的材料与工具	清点数量，摆放整齐
3	种植基质配制	提前2天暴晒培养料，将培养料按照比例混合均匀，加水搅拌均匀，然后闷半小时，再进行装瓶	新鲜、干燥、无霉烂、无结块、无害虫的棉籽壳100千克，白糖1千克，熟石灰0.5千克，麦麸1千克，水150千克
4	消毒	将瓶子用84消毒液处理10分钟，然后清水清洗3次。种植前，利用紫外灯对种植场所消毒半小时	消毒时间充足，清洗干净。紫外灯消毒提前半小时，进入场所前关闭紫外灯
5	栽培	播前将金针菇菌种掰成3～5厘米直径的小块，埋入培养料中，盖上培养料，深度2厘米。种植后贴标签写上日期和组名，然后喷水保湿	种植操作准确
6	工具及场所清理	完成种植后，清理现场，确保栽培场所干净有序	栽培场所整洁，工具整齐干净
7	生长期管理	加强生长期间的水肥管理、植株调整与病虫害防控，每天注意观察，记录金针菇生长情况	养分供养充足，生长环境适宜，注意病虫害防控，数据记录完整

3. 常见病虫害

常见病害：黑斑病、基腐病、黑头病、软腐病、褐斑病。

常见虫害：菇蚊、菇蝇、蜱螨。

4. 生长期记录

金针菇生长期现象描述见表3-26。

表3-26 金针菇生长期现象描述

日期	生长时期	生长现象描述
	菌丝体生长时期	
	子实体生长时期	

劳动实践评价

食用金针菇种植完成后，由组长组织小组进行讨论，总结自己在劳动知识与技能、合作意识、沟通能力、吃苦耐劳精神等方面的感悟，最后教师进行总体评价。

金针菇瓶装种植管理实践评价见表3-27。

表3-27 金针菇瓶装种植管理实践评价

劳动评价（满分100分）	评价标准	成绩/分	
过程评价（20分）	制订规划方案、准备工具材料、种植过程全程参与		
自我评价（20分）	对于劳动积极性、劳动过程和种植管理的自我评价		
课程感悟（20分）	感悟从劳动中获得的知识和技能的掌握程度，最后自我总结		
观察日记（20分）	对菌丝体生长时期和子实体生长时期的观察描述准确，记录完整		
成果展示（20分）	对最终生长的效果，如外观和产量等进行评价		
教师评价		合计	

收获的金针菇见图3-11。

图3-11　收获的金针菇

任务十　平菇菌包袋栽种

学习目标

知识目标

了解和学习食用菌的种类，掌握平菇的生长条件、栽培时间等相关知识，掌握平菇菌包袋栽种的技术要求。

技能目标

能根据平菇的生产特点，掌握平菇菌包袋栽种的方法，通过小组配合完成平菇菌包袋栽种的相关工作。

素养目标

通过平菇菌包袋栽种，培养动手和观察能力，提高对平菇价值的认识。

必备知识

菌类有12万余种，中国目前最新统计的食用菌有930多种。平菇是较为容易种植的品种之一，一年四季均可种植。平菇的栽培方法较多，目前一般大多数都采用塑料袋栽、室内生料床架栽培和室外阳畦栽培，以及农作物间套。

平菇菌包栽培过程相对简单，平菇生长周期较短。平菇最常用的栽培方式是袋料栽培，袋栽的平菇种植有很多的优点，例如：① 袋栽平菇有利于控制杂菌还有害虫，成功率很高；② 可以充分地利用空间，占地面积小，一般在15平方米左右的培养室就可以培养1500～2000袋的平菇；③ 生长周期短，采用堆积发菌可以增高料温，有助于加快发菌，缩短菌丝的生长期；④ 这种一袋一袋培养平菇的方式，便于移动管理，可以充分地利用场地；⑤ 有利于控制温度，保持湿度，出菇整齐，蘑菇的形好，产量稳定，可以更好地提高收益。

任务设计

1. 实践场所

可以在学校大棚、学校温室、树荫和家庭阳台等密闭遮光的地方实施。要求通风阴凉的环境，避免阳光直射，或者黑暗和密闭的环境，环境温度控制在25～30℃。

2. 授课学时

2学时，包括栽培实践1学时，平菇成长观察1学时。

3. 材料和工具

平菇菌包（每组1个）、菌袋、豆秸、棉籽壳、麦麸、石灰、石膏、铁铲、小铲、喷水壶、胡萝卜汁（后期施肥使用，其配制方法为将10千克胡萝卜切碎，加15千克水煮15分钟之后，过滤掉胡萝卜渣，留下液体，之后加水40倍稀释，喷洒在袋栽平菇上，土壤保持湿润即可）。

4. 注意事项

劳动前进行安全教育以及工具使用的讲解，注意农具的使用安全。生长管理期间，注意喷水时间以便维持平菇比较湿润的生长环境。宣讲禁止食用野生菌的安全知识，科普野生菌中毒知识和急救方法。

任务实施

1. 分组和制订计划

2人分为一组，并任命组长。组内2人共同讨论，制订劳动目标和计划，确定任务分工。每组均要参与种植，种完后要贴标签做好标记，完成种植后由组内2人共同管理和观察记录。

2. 劳动步骤

以小组为单位，成员共同完成一次平菇菌包袋栽种植的劳动过程。平菇菌包袋栽种劳动步骤见表3-28。

表3-28 平菇菌包袋栽种劳动步骤

序号	步骤	劳动说明	劳动标准
1	培养料的准备	在一块干净的地面或桌面进行配料，提前两天预湿豆秸、棉籽壳、麦麸，使之充分软化	培养料混匀充分，软化效果好
2	培养料的配制	提前将基质按照比例混合均匀，混匀后填入塑料栽培袋60%高度	豆秸500克、棉籽壳600克、麦麸200克、石灰25克、石膏10克，加入水保持水分湿度为60%左右
3	栽培操作	撕掉平菇菌包外层的塑料膜，将平菇菌棒掰成直径3～5厘米的小块，每袋种植4～6块，然后用培养料填满栽培袋，并轻压，操作完后喷水保湿	栽培袋填料充实，菌块铺放均匀
4	工具与场所清理	完成种植后，清理现场，确保栽培场所干净有序	栽培场所整洁，工具整齐干净，操作场所无泥浆水
5	生长期管理	每天喷3～5次水，以土壤表面不干燥为宜，控制环境温度25～30℃，每天观察和记录平菇生长情况	生长环境适宜，注意维持潮湿环境，记录好平菇每天的生长高度、伞直径、每天的喷水次数和喷水量等情况

3. 常见病虫害

常见病害：菌丝疯长、平菇大脚菇、平菇萎缩、锈斑、药害等。

常见虫害：菌蛆、菌螨、跳虫、蚂蚁、蟑螂、老鼠等。

4. 生长期管理和观察

平菇生长周期为15～30天。平菇生长期现象描述见表3-29。

表3-29 平菇生长期现象描述

生长过程	生长现象描述
萌发	3～7天，小菇蕾萌发，可以进行施肥（喷施配制好的胡萝卜汁）
生长	7～10天，即出菇后第3天菌株长5厘米高，1周后长10厘米高
采摘	15天左右，等到菌伞变圆，直径有6～7厘米可以采摘（平菇边沿略有卷曲的时候），及时采收，避免菌株衰老。采收时要握住根部轻轻掰下，这样有利于菌棒下一次顺利发出平菇（不能用刀等其他工具采摘，因为平菇对工具很敏感）
采摘后的处理	采下平菇后，要及时去掉菇根、死菇，停水3～5天，待菌丝恢复正常生长后，每天喷水1～2次保持菌棒湿润，两周左右会再次萌发出新的平菇。最多的时候，一个菌棒可以发出3～5茬平菇。菌棒或菌包里的菌丝完全生长完之后，剩下的菌包或菌棒可以当作底肥，用于其他植物的种植

平菇成长记录表见表3-30。

表3-30 平菇成长记录表

日期	气温	喷水次数	生长描述

5. 日常管理常见问题

（1）平菇菌包可以出几次菇

① 通常情况下，一个菌包可以出3～5次菇。

② 如果想要菌包多次出菇，要注意三点：一是采收平菇后，把菌包干燥一周，再进行水分管理；二是不能让菌包过于干燥和水分太多，可以往菌袋上适当喷水；三是要加大菌包的环境温差，在蘑菇的生长期间，温度可保持在16℃以上。

（2）平菇菌袋不出菇怎么办

① 平菇不出菇有可能是温度、湿度和光照等原因造成的。

② 没有温差的刺激，温度长期较高时，菌包难以出菇，温度太低且长期低于15℃时，平菇的生长缓慢。

③ 菌菇较小时，环境湿度较低，可能会干枯死掉；湿度太高时，可能会使平菇腐烂。

④ 平菇需要10%的微弱光照，避免太阳直射。

（3）是否会有人对孢子过敏

平菇是靠孢子繁殖的，成熟时会有孢子飘出，有人对孢子过敏。

（4）如何判断菌袋污染

如果见到菌丝不是正常的白色，而是绿色、黄色等颜色，表明菌袋已经被污染，请不要食用，并立即丢弃填埋。

劳动实践评价

平菇菌包袋栽种实践结束后，由组长组织小组进行讨论，总结自己在劳动知识与技能、合作意识、沟通能力、吃苦耐劳精神等方面的感悟，最后教师进行总体评价。

平菇菌包袋栽种实践评价见表3-31。

表3-31　平菇菌包袋栽种实践评价

劳动评价（满分100分）	评价标准	成绩/分
过程评价（20分）	按操作步骤找出存在的问题和自己注意了哪些操作细节	
自我评价（20分）	分点说明自己做得较好和不足之处	
课程感悟（20分）	真实反馈自己的心得和感想	
观察记录（20分）	记录表填写详细	
成果展示（20分）	对平菇的生长进行拍照记录，照片清晰，或者称质量记录产量	
教师评价		合计

平菇生长情况见图3-12。

图3-12　平菇生长情况

项目四　手工制作与养殖

任务一　创意压花书签的制作

学习目标

知识目标

通过制作压花书签，了解干燥花材、叶材制作的相关知识，掌握微波压花板制作干燥花材、叶材的基本要求，通过压制的花材和叶材来表达自己对大自然美的理解。

技能目标

学会自主使用微波炉制作干花材料，能根据干花色彩、大小特点，独立完成创意压花书签的制作，达到完成作品、培养审美的目的。

素养目标

通过学习压花书签的制作，培养美学思维和劳动意识，形成勤于思考、积极劳动的良好作风。

必备知识

压花画是一门融合了绘画与花卉装饰的艺术。通过悉心选取自然界中的花草等植物，并以植物的枝、叶、花、果干燥后的形貌为设计重点，运用独创的花材保色技术制成的干燥花材，依其自然形态、色彩、质感，融入绘画艺术手法压贴成格调高雅、色彩丰富、形式多样的干花艺术品。

任务设计

1. 实践场所

干燥、无风、光线良好的课室。

2. 授课学时

1学时。

3. 材料和工具

新鲜的花材、微波炉、微波压花板、吸水板、吸水纸、防烫手套、剪刀、大号尖嘴镊子、白乳胶、牙签、浅色卡纸、过塑纸、过塑机、彩绳流苏。

4. 注意事项

劳动前进行安全教育，注意微波炉使用安全，指导学生使用剪刀、镊子等尖锐工具时，勿将尖锐的部位向着自己或他人，以免被刺伤。提醒学生注意按照材料的需求控制花材的采摘量。

任务实施

1. 课前准备

提前在校园内采摘压花的花材与叶材，并了解其名称、特征。教师将卡纸裁剪成5×15厘米的小卡纸。

2. 分组展示鲜花和描述特征

将学生分组，每组2～3人，选出小组长。让小组长带领学生在小组内展示自己的鲜花，并轮流介绍花材特征。

3. 劳动步骤

以小组为单位，成员共同完成一次创意压花书签的制作劳动过程。微波干燥法压花劳动步骤见表4-1。

表4-1 微波干燥法压花劳动步骤

序号	步骤	劳动说明	制作标准
1	整理花材、叶材	将采摘好的新鲜花材、叶材平铺在桌面上，去掉杂草和残败的花叶，用镊子将花材和叶材分离	花材：小花材将其展开压扁，大花材需要用镊子将其花瓣完整取下，并展开。 叶材：叶材枝干不长于5厘米，多余的部分需要修剪
2	放置材料	将一个压板放在最底，铺上吸水板，再放上吸水纸后，将材料平铺在吸水纸上，然后依次铺上吸水纸、吸水板和压板，最后四面卡上卡扣	（1）操作之前须对学生详细介绍压花板的组成以及作用。 （2）压花时注意材料放置之间需要留有空隙，材料不可重叠在一起

续表

序号	步骤	劳动说明	制作标准
3	微波干燥	教师将压花板放入微波炉中，中高火微波30~50秒。完成后戴上手套，迅速将压花板取出并将压花板与材料分离，将材料小心取出	（1）材料微波时要注意时间，微波时间过长会导致材料的焦煳。一般花瓣的微波时间短一点，叶材的时间长一点，整朵的花材需要短时多次的干燥。 （2）压花板完成一次微波后，可以用纸巾将水分吸干，要完全冷却完毕才能够进行下一次微波 注：该步有关微波炉的操作需要教师全程独自完成，学生只负责材料与压花板的分离及干燥

4. 书签制作

创意压花书签的制作步骤见表4-2。

表4-2 创意压花书签的制作步骤

序号	步骤	劳动说明	制作标准
1	制作小卡片	让学生选择与自己花材颜色相配的卡纸作为书签。用打孔器在离卡纸一侧短边的一厘米处的中心打孔，两端都要打孔	保持卡纸整洁，可以在卡纸上写诗句、祝福语或美化图案
2	放置花材、叶材	用镊子夹起花材、叶材，牙签蘸上白乳胶，将花材、叶材按照自己的喜好粘在书签上，等白乳胶自然风干	要将白乳胶薄薄地涂在花材、叶材的背面，这样正面的颜色就不会被白乳胶腐蚀
3	书签过塑	插上过塑机电源，将开关分别置于“顺转”“封塑”位置，启动电源开关。 设定和调节温度，调节“调温”旋钮，再将温度表指针设定在150℃左右，预热至“预热”指示灯亮，即可开始塑封。 将待塑封的书签夹在两片塑封纸之间，从正面送入，书签从出口板间出来，取出后完成塑封	（1）机器预热时间因环境温度不同而有差异，一般情况下，夏天色温较高时，预热时间较短，设定温度低。冬天则相反，预热时间长些，设定温度高。 （2）塑封时，设定温度过低，会造成不完全性封接；温度过高，则因薄膜过热而泛起皱褶，甚至将书签塑料片卷入机内。此时应用“调温”旋钮重新设定温度。 （3）过塑机底板下有四个螺钉，用于胶辊前后、左右的压力调节。假如塑封面两边或某一边有不完全性封接，可调节螺钉。但切不可将螺钉旋得过紧，以免造成塑封面皱褶和电机负荷过重。 （4）胶辊表面有异焦物时，应在切断电源后手动清理，如果胶辊仍旧有异焦物，用棉花蘸酒精或香蕉水擦胶辊。 （5）过塑操作需要老师在旁全程指导

续表

序号	步骤	劳动说明	制作标准
4	修边和美饰	将多余的过塑纸修剪掉，把流苏绑在书签另一端的小孔上，制作完成	书签边缘留下5毫米的空白

劳动实践评价

创意压花书签的制作实践结束后，由组长组织小组进行讨论，充分听取大家的意见和建议，每人对自己的劳动态度、劳动质量、劳动结果进行自我评价，总结自己在劳动知识与技能、合作意识、沟通能力、吃苦耐劳精神等方面的感悟，最后教师进行总体评价。

创意压花书签的制作实践评价见表4-3。

表4-3　创意压花书签的制作实践评价

劳动评价（满分100分）	评价标准	成绩/分	
过程评价（20分）	干花材、干叶材制作情况：花材、叶材保存完整		
自我评价（20分）	书签布局合理度：花材、叶材摆放美观，不要摆放得拥挤无条理		
课程感悟（20分）	压花制作的学习成果：对此写一篇学习感悟，要求学生掌握压花作品的制作流程		
作品展示（40分）	书签完成度：对书签成品的可观赏性评分		
教师评价		合计	

创意压花书签见图4-1。

（1）自由式压花书签　　（2）写生式压花书签

图4-1　创意压花书签

任务二　创意花束鉴赏与制作

学习目标

知识目标

通过实践，了解花束相关知识，掌握包扎小型花束的方法和技术要求。

技能目标

学会包扎花束，掌握包装花束的基本技能和要求，能够在花束制作完成后互相交流、鉴赏他人的作品，提高创新和审美技能。

素养目标

通过认识、包扎花束，对花束有一定的认识，从中学会发现美、欣赏美和创造美。培养有益身心的兴趣，提高自我动手能力、思考和创新能力，通过了解植物的蕴意，包装花束向长辈表达感恩之情。

必备知识

花束是用花材插制绑扎而成，具有一定造型，是束把状的一种插花形式。因其操作不需任何容器，只需用包装纸、丝带等加以装饰即可，故操作简便、快速，尤其是携带方便，成为最受欢迎的一种礼仪插花。花束普遍应用于各类社交活动中，如迎接宾客，探亲访友等。其主要造型有插花式花束、圆锥形花束、扇面形花束、小花束等。

任务设计

1. 实践场所

光线良好的课室。

2. 授课学时

1学时。

3. 材料和工具

不同种类的花材、手揉纸、胶带、塑料纸、高档包装纸、皱卷纸、彩带、剪刀（学生专用剪刀）。

4. 注意事项

（1）提前准备花材、工具。

（2）使用剪刀时，教导学生正确和安全的使用方法。

（3）询问学生是否有花粉过敏。

任务实施

1. 分组和制订计划

1～2人分为一组，以创意花束鉴赏与制作为任务，讨论构图的内容以及所需要的花材。

2. 劳动步骤

以小组为单位，成员共同完成一次创意花束鉴赏与制作劳动过程。创意花束鉴赏与制作劳动步骤见表4-4。

表4-4　创意花束鉴赏与制作劳动步骤

序号	步骤	劳动说明	实践标准
1	介绍花束并欣赏作品	介绍花束知识并向学生展示不同类型的花束，按照扇面形、三角形、圆锥形、半球形及自由式图形等设计花束	认真听讲，欣赏完作品后进行小花束的制作

续表

序号	步骤	劳动说明	实践标准
2	制作花束	（1）先对花枝进行修整，将多余长度的枝条剪掉。花枝按照设计排列好后，使用透明塑料包装纸包裹，并使用透明胶扎紧和固定造型。添加满天星、情人草等配草，装饰在花朵旁，位置适当偏上。 （2）取一张高档包装纸裁切成四分之一，避免多余的包装纸浪费。 （3）第一张纸在这边折一个小弧度，让花束有褶皱感，看起来有立体感。折叠位置不要压死，要有圆润的弧度。 （4）花束放在中间，并确定主次关系，绿叶作为周边点缀，鲜花在中间，在花束螺旋交叉点把纸张收拢，注意手法让包装纸力挺起来，注意第一张包装纸是斜着放的，让花束更加的舒展。 （5）从右边开始，不需要完全对称，可以让花束有一些层次感，同时要注意折叠位置不要压死。同样收拢第二张纸，注意和第一张纸的距离，同样保持纸张的力挺和层次感。 （6）将纸张收拢在一起，然后适当调整纸张上沿，将纸张弄整洁，花要有层次感但是也要在层次感中找到干净整洁感。第三张纸让花束在里面有层次感即阶梯感，折一部分然后纸张内折出斜角，比第一张纸稍下，突出层次感，折的弧度要保留，看起来更加圆润。 （7）再上最后两张包装纸的时候我们记住花要露出了，不能把花全部遮住。最后系上彩带，一把小花束就完成了	步骤清晰，操作手法准确
3	作品展示	互相展示个人的作品，鉴赏他人的花束作品。完成花束的包扎后，将其带回家中，送给家人	收集照片进行作品评价

劳动实践评价

作品完成后，开展同学互相评价和自我评价等，对所做的花束进行打分。老师收集评价表进行最后评分。

创意花束鉴赏与制作实践评价见表4-5。

表4-5　创意花束鉴赏与制作实践评价

实践评价（满分100分）	评价标准	成绩/分
过程评价（20分）	独立完成作品，认真听讲，能够按照步骤包装花束及花费时间少	

续表

<table>
<tr><th>实践评价（满分100分）</th><th>评价标准</th><th colspan="2">成绩/分</th></tr>
<tr><td>自我评价（20分）</td><td>掌握包装花束的基本技能和了解利用不同颜色和大小的花材来搭配、包装花束</td><td colspan="2"></td></tr>
<tr><td>课程感悟（20分）</td><td>体会包装花束的乐趣，学会包装花束的相关知识及包装花束的意义</td><td colspan="2"></td></tr>
<tr><td>他人评价（20分）</td><td>学生之间互相交流和鉴赏花束作品并能够给予一个完整的评价</td><td colspan="2"></td></tr>
<tr><td>成果展示（20分）</td><td>对自己所做的花束满意，所制作的花束完成度高</td><td colspan="2"></td></tr>
<tr><td>教师评价</td><td></td><td>合计</td><td></td></tr>
</table>

制作完成的花束作品见图4-2。

（1）单支花束　（2）郁金香花束　（3）多彩花束　（4）荷花莲蓬花束

图4-2　制作完成的花束作品

任务三　孔雀压花艺术画的制作

学习目标

知识目标

了解压花的材料来源和构思技巧，掌握压花的技术流程。

技能目标

掌握压花的裁剪、拼贴等制作技巧，了解不同花材的预备处理和压制方法。

素养目标

通过压花艺术画的制作，提高自身的审美，进一步增加对美学的认识和对自然美好事物的向往，同时，培养日常生活中的美学意识，陶冶自身的情操。

必备知识

压花艺术就是利用物理和化学方法，将植物材料包括根、茎、叶、花、果、树皮等经脱水、保色、压制和干燥而处理成平面花材，经过巧妙构思，制作成精美的装饰画、卡片和生活日用品等植物制品的一门艺术。它是把植物科学和艺术二者相结合的产物，最大特点就是源于大自然，回归大自然。压花艺术的返璞归真，与现代人的追求非常吻合。

压花的材料都是来源于自然界的植物，可以说所有的植物都能够作为压花材料。花材是创作艺术的基本材料，花材就好像水彩和油料对水彩画和油画一样重要。压花艺术能够充分利用植物材料，发挥其最大的作用，增加其附加值，所以说压花艺术是一个天然而又环保的行业。

任务设计

1. 实践场所

光线良好、有操作台的无风干燥场所。

2. 授课学时

4学时。

3. 材料和工具

花材、弯头尖嘴镊子、A4纸、硫酸纸、铅笔、剪刀、收纳箱、大号塑料收纳袋、水彩、色粉、水粉、笔刷、白乳胶、牙签、标签、冷裱膜、垫纸、纸巾、烘箱、微波炉。

4. 注意事项

压花作品的制作是一个精细的过程。制作的压花作品艺术价值的高低，与制作者的艺术水平和工艺制作能力都有很大关系。制作者除了掌握一些必要的制作方法和制作技巧以外，还要注意制作过程中一些应该避免的问题。

忌脏：在使用黏结剂时易产生污点。故涂黏结剂时要做到量少、均匀、全面。

忌乱：画面上的构图和用材要有规律。特别需要注意的是，构建孔雀羽毛的花材需要规律粘贴。另外，也要注意在构图上的简洁、美观。

忌杂：压花作品要求画面简洁，用材得当。一定要根据具体内容选择必要的材料，不能将一些可有可无的材料拼凑上去。否则不仅降低了压花作品画面的欣赏价值，而且也浪费了不少制作时间。

忌虚：要避免制作过程中由于制作材料涂胶不够，没有粘牢，使叶片起翘、卷曲，甚至脱落。在制作压花作品的过程中，如果涂胶多了，叶片会产生皱褶；涂胶少了，有些地方没有涂上，又会产生虚脱现象。

忌皱：在粘贴那些面积较大的叶片时，由于叶片容易吸收水分产生膨胀，如果不待其膨胀就粘贴上去，就会产生皱褶，影响画面的美观。另外，黏结剂涂得过多，也会使叶片产生皱褶。为了避免皱褶产生，应从两方面注意：一是涂黏结剂要少而匀，二是在叶片面积较大时，要在涂黏结剂以后稍稍等待片刻，让其充分膨胀后再粘贴，即可避免皱褶产生。

注意安全：在使用剪刀等利器的时候要注意自身及他人安全。

任务实施

1. 分组和制订计划

1～3人分为一组，以孔雀为作品主体，围绕主体，商量构图的内容以及所需要的花材。

2. 劳动步骤

以小组为单位，成员共同完成一次孔雀压花艺术画的制作劳动过程。孔雀压花艺术画的制作劳动步骤见表4-6。

表4-6 孔雀压花艺术画的制作劳动步骤

序号	步骤	劳动说明	实践标准
1	草稿和构图	根据自己设想的效果设计一幅草图	草图简洁明了，画面干净清晰
2	制作背景，挑选花材	根据自己设想的内容，在A4纸上用颜料晕染出背景，在现有花材里面挑选合适自己作品的花材	避免选择过厚的花材，例如树皮、香蕉皮等，花材用完后要放回收纳箱，避免他人缺少材料的使用

续表

序号	步骤	劳动说明	实践标准
3	分步粘贴、修剪	根据草稿内容，将画面内容进行分部，用铅笔画在硫酸纸上。再将合适的花材用牙签配合少量的白乳胶贴在硫酸纸上，然后根据刚刚画好的形状剪下来	花材重叠过多的部分可以剪掉，重叠的厚度不能太厚。花材要尽量盖住硫酸纸
4	部件组合粘贴	将裁剪好的各个部分组合拼装，花材与纸张边缘的距离要大于1厘米	每个部分的连接处要尽量嵌合，不要露出底下的A4纸
5	装裱	将冷裱膜从一侧开始慢慢覆盖上画，完成后用指腹把有气泡的地方往边缘推挤	赶气泡的过程中，尽量不要破坏花材或移动花材，气泡尽量赶干净

3. 常见问题及其解决办法

（1）在粘贴之前先把花材位置大致摆好，再根据大致位置摆放粘贴。避免花材直接粘贴在硫酸纸上，导致不能二次修改。

（2）花材按需拿取，避免因为花材分配不均导致同学间发生争执。

劳动实践评价

孔雀压花艺术画的制作实践结束后，小组内部讨论，充分听取大家的意见和建议，每人对自己作品的完整度、美观程度进行描述，总结自己在制作过程中遇到的问题及解决方法，最后教师进行总体评价。

孔雀压花艺术画的制作实践评价见表4-7。

表4-7　孔雀压花艺术画的制作实践评价

劳动评价（满分100分）	评价标准	成绩/分	
过程评价（20分）	积极参与，有讨论过程，且作品制作过程的每个细节处理好		
自我评价（20分）	制作过程中认真仔细，安静沉稳，不急不躁		
课程感悟（20分）	在课程结束后进行总结，指出自己在制作过程中的不足并提出改进方法		
成果展示（40分）	作品画面整洁美观，细节处理好，整体令人赏心悦目		
教师评价		合计	

构思和准备草图见图4-3，挑选花材见图4-4，分步粘贴见图4-5，修剪成形见图4-6，部件组合粘贴见图4-7。

图4-3　构思和准备草图

图4-4　挑选花材

图4-5　分步粘贴

图4-6　修剪成形

图4-7　部件组合粘贴

任务四　压花小框画的制作

学习目标

知识目标

了解压花艺术的含义，掌握压制花材的方法，认识周边植物，初步掌握植物花、叶的基本结构等。

技能目标

能根据适宜压制的植物，独立完成压花艺术作品，达到体验美的享受和艺术熏陶的目的。

素养目标

通过学习压花艺术，更好地认识大自然，亲近大自然，形成热爱大自然的情怀；同时充分调动想象力，培养和提高创作能力和艺术修养。

必备知识

压花小框画，是融合了植物学、绘画和花艺设计的平面装饰艺术品。制作者通过悉心选取自然界中的各色花草植物，并以植物的枝、叶、花、果等干燥后的形貌设计构思，以其自然形态、色彩、质感等，融入绘画艺术，并压贴成格调高雅、色彩丰富、形式多样的干花艺术品，使人们在四季都能感受到春天的气息。制作者将新鲜花材经过选择、分解、压制、干燥、构图设计与制作、镜框装裱等一系列过程，变成一幅幅精美的压花小框画作品。

任务设计

1. 实践场所

校园植物园区，无风、宽敞明亮的课室。

2. 授课学时

3学时。

3. 材料和工具

公用工具：裁纸机、过塑机、防潮柜、干燥箱。

其他工具：剪刀、镊子、白乳胶、紫外线固化胶（UV胶）、牙签、纸巾、密封袋、压花板、海绵、吸水纸、多色卡纸、多色颜料、小框画。

4. 注意事项

（1）校园植物园区一般蚊虫较多，外出采摘植物时，建议携带驱蚊水或风油精，避免穿深色衣服和运动鞋吸引蚊子，戴帽防晒，携带适量饮用水。

（2）户外课程保证学生遵守纪律、保持安静、认真听讲，未经允许不可随意触碰、采摘植物，老师向学生说明园区存在的有害植物。

（3）在校园植物园区采摘完花材后，组织学生对园区内产生的垃圾进行清扫。

（4）制作作品前向学生讲解裁纸机、过塑机等机器的使用，规范使用剪刀、镊子等尖利工具。

（5）压制的花材要及时保存到防潮柜，潮湿的吸水板要及时放入干燥箱进行干燥，防止发霉。对于压制的花材，课后要安排学生定期更换吸水板（两天一次）和收集花材，教师负责检查花材的数量和质量，并统一保管压制的花材。

任务实施

1. 课前准备

（1）任课老师提前到校园植物园区进行校园植物调查。调查内容包括具有过敏原的有害植物、适宜压制的植物。

（2）提前压制花材，任课老师课前需准备多把剪刀、镊子、牙签和卡纸，清点小框画数量，确认过塑机是否正常使用和其他材料是否足够。

（3）任课老师课前制作幻灯片用于课前讲解，讲解内容包括压花艺术的定义，压花艺术的应用，花、叶的基本结构，校园植物的种类，适合压制的校园植物，适合压制植物共有的特点，如何压制和保存花材，常见压花画的构图原则，制作压花画的步骤。

2. 劳动步骤

劳动步骤见表4-8。

表4-8　学时安排和实践步骤

学时	课程内容	教学方法	目标能力
学时1	教师讲解压花艺术的定义，压花艺术的应用，花、叶的基本结构，校园植物的种类，适合压制的校园植物，让学生对压花艺术有初步的了解	多媒体教学；图片演示	（1）了解压花艺术的定义，掌握植物花、叶的基本结构； （2）了解压花艺术的应用
学时2	教师组织前往校园植物园区认识植物，演示如何采摘所要压制的植物后，学生分小组在安全环境下自行采摘所需要的花材； 采摘完毕并清理现场后，返回课室，教师演示如何压制植物并保存，学生自主实践对植物的压制	现场实践	（1）掌握常见的压制花材的方法； （2）压制多种花材便于后期制作小框画

续表

学时	课程内容	教学方法	目标能力
学时3	教师讲解常见的压花画构图原则和小框画的制作步骤； 学生自主实践设计压花小框画	现场实践	（1）掌握压花画的构图原则； （2）掌握压花小框画的制作方法； （3）能独立完成一幅压花小框画的制作

3. 压花小框画作品的制作步骤

（1）教师使用裁纸机将卡纸裁成与小框画内衬大小一致的尺寸。

（2）将所压制的花材在压花画构图原则的基础上，在卡纸上进行创作构图，不要直接将白乳胶涂在花材上，以便后续修改。

（3）确定好自己的构图后，使用白乳胶将花材粘在卡纸上，白乳胶不可涂过多在花材上，防止花材褪色发霉。

（4）按照小框画的装裱顺序依次将卡纸装入小框画。

（5）适当修改和检查作品，完成小框画的制作。

劳动实践评价

（1）课程结束后，分发实践评价表，请家长和学生对本次课程进行评价和建议，促进课程的完善和改进。

（2）请学生总结压花小框画制作的感悟，内容可包括作品的创作理念、对压花艺术的认识、对课程的感受等。

压花小框画制作实践评价见表4-9。

表4-9　压花小框画制作实践评价

劳动评价（满分100分）	评价标准	成绩/分
家长评价（25分）	对课程设计的满意度，对孩子作品的满意度等	
自我评价（25分）	对课程内容的满意度，对老师授课方式的满意度，对自己作品的满意度，作品创作灵感的来源	

续表

劳动评价（满分100分）	评价标准	成绩/分	
课程感悟（25分）	总结在课程中学到的内容，在操作过程中遇到的问题及解决方法，以及心得体会		
成果展示（25分）	作品的美观度、完整度及整洁度		
教师评价		合计	

准备卡纸见图4-8，摆放花材见图4-9，装入小框画见图4-10。

图4-8　准备卡纸

图4-9　摆放花材

图4-10　装入小框画

任务五　趣味手工压花饰品的制作

学习目标

知识目标

了解制作压花饰品的相关知识，掌握制作压花饰品的方法和技术要求。

技能目标

学习教师的示范操作，结合自身想法和灵感，独立完成压花饰品的制作，能达到将丰富想象、真情感悟与技艺创作融为一体的目的。

素养目标

通过压花饰品的制作，提升动手实践能力，感受制作成品的愉悦和乐趣，达到修身养性和陶冶情操的目的。

必备知识

压花艺术是把植物科学和艺术相结合的产物，它使自然科学和人文科学产生了很好的交叉点，是农学里的美学，农业里的艺术。压花艺术是将植物独特的天然色彩、形态、质感与创作者的丰富想象、真情感悟、精湛技艺经艺术创作而融为一体，将抽象的象征意义转化为具象并直接诉诸人的视觉的一种艺术样式。压花艺术真实、质朴、韵味无穷，而且有益于修身养性、陶冶情操。

任务设计

1. 实践场所

光照良好和无风的课室。

2. 授课学时

2学时。

3. 材料和工具

新鲜花材、压花板、密封袋、UV胶、紫外线灯（UV灯）、多种干花材料、多种基础压花饰品（如手工钥匙扣、手工项链等）、镊子、锡纸、剪刀、无痕胶。

4. 注意事项

劳动前进行安全教育，注意UV胶、UV灯、剪刀等的使用安全。劳动时注意通风，不使用UV胶时不要开盖，不使用UV灯时不开启电源。涂UV胶时要从饰品中间部位开始，防止分布不均匀；若不小心出现气泡，则要把气泡推在边上并弄破。制作完成后要整理卫生，将工具收回原处。

任务实施

1. 分组和制订计划

2～3人分为一组，共同压制花材。

2. 劳动步骤

（1）教师进行压花演示，教学各种花材的制作方法和压花方法。

（2）各组同学先进行新鲜花材的压制，压制结束后将压花板统一放置，四五天后打开吸水板，收集花材并用密封袋保存。

（3）教师通过教学演示饰品制作方法，学生观摩学习后，教师对学生的提问进行解答。

（4）演示结束后，各小组准备好工具和压制好的花材，开始饰品制作。

① 剪大小盖过饰品的无痕胶粘在镂空的饰品背部（无镂空则无须此步骤）。

② 滴一层薄的UV胶在饰品中，待UV胶快要干时，摆放花材。

③ 再用UV胶铺满饰品。

④ 在锡纸上放上饰品，将其放在UV灯下照射。

⑤ 待UV胶完全干时，关闭UV灯，将饰品从UV灯下拿出来，并将无痕胶撕掉即可。

劳动实践评价

压花饰品的制作实践结束后，由组长组织小组进行讨论，充分听取大家的意见和建议，总结自己在劳动知识与技能、合作意识、沟通能力、吃苦耐劳精神等方面的感悟，最后教师进行总体评价。

压花饰品的制作实践评价见表4-10。

表4-10 压花饰品的制作实践评价

劳动评价（满分100分）	评价标准	成绩/分
过程评价（20分）	对学生在创作过程中的仔细程度、收获、作品样式的丰富程度进行评价	
自我评价（20分）	对自己在课程中的认真程度、作品质量的好坏进行评价	
课程感悟（20分）	总结在课程中遇到的困难、创作的灵感来源	

续表

劳动评价（满分100分）	评价标准	成绩/分	
课后分享（20分）	课程结束后写下课程的心得，课后分享自己的心得体会		
成果展示（20分）	展示作品，学生互评作品		
教师评价		合计	

压花饰品见图4-11。

（1）单花饰品

（2）组合压花饰品

图4-11　压花饰品

任务六　植物创意拓染

学习目标

知识目标

了解植物拓染的相关知识，掌握植物拓染的方法和技术要求，了解其非遗文化价值。

技能目标

学习各种植物的特性，认识花草的形状，培养动手能力和创造力，掌握植物拓染技艺的关键技巧。

素养目标

通过动手运用植物拓染技术，传承中华民族传统植物染色技艺，体会自然之美和大自然的色彩，提高艺术素养。

必备知识

植物拓染是采用植物的根、茎、花、叶、果实、果皮等为染料，通过外力敲击来取它的汁液在天然纤维材料上染色，将植物最美的一刻留在布上，以布为纸，书写自然的文字。

植物拓染能将花草最美的状态保留下来，不需要摄影师的专业对焦，不需要画家的技艺表现，只需简单的敲敲打打，就可以把植物的自然形状、色彩凝固在所需的载体上。拓染利用两块布、一把锤或一颗石，加上随手可得的花花草草，就可完成原形原色和姿态优雅的作品。拓染作品从杯垫到桌布、从收纳袋到休闲小包、从抱枕到窗帘，都可以进入我们的生活。

任务设计

1. 实践场所

通风、采光充足的教室。

2. 授课学时

1学时。

3. 材料和工具

新鲜的花叶材料、白坯布或棉麻布等吸水性较好的手帕和挎包等、透明宽胶带、橡皮锤、纸巾、垫板、剪刀、报纸。

4. 注意事项

（1）提醒学生在使用剪刀等锋利工具时，应注意避免刀口指向自己或他人，使用完剪刀等工具后，将工具归回原位。

（2）使用橡皮锤敲打的时候，指导学生注意不要将手靠近敲打的地方。用锤子敲打时，应贴近拓染的地方，用适当的力度敲打，不宜把锤子举太高，以免误伤自己或他人。

（3）课前将植物进行水中浸泡，以免植物失水和变形。

任务实施

1. 分组和制订计划

3～5人分为一组，提倡小组内成员共同制订实践计划，植物拓染实践过程中相互协作。

2. 劳动步骤

以小组为单位，成员共同完成一次植物拓染的劳动过程，每个人完成一幅作品。植物拓染劳动步骤见表4-11。

表4-11　植物拓染劳动步骤

序号	步骤	劳动说明	劳动标准
1	材料与工具准备	提前1～2h，将泡好的花叶材料捞出、沥干至表面无水分，各小组分发工具与材料	清点数量，分配好，摆放整齐
2	设计图案并固定	棉布底下要铺上一张报纸，以免多余汁液晕染到棉布。把花叶材料依次摆放在棉布上，一次1～2片（朵），用透明宽胶带进行固定。如果花叶较厚或较大，可以多贴几层，防止花叶在拓染过程中移位，保护植物的完整性	摆放花叶时，颜色鲜艳的一面紧贴棉布，另一面朝上；摆放的花叶不重叠，透明宽胶带要完全覆盖花叶
3	拓染	选择在光滑的桌面或地面上进行捶打。使用橡皮锤对图案进行充分敲打，从花叶的边缘往中间依次敲打。敲打完后，先轻轻揭开胶布，检查花叶的颜色是否完全印染在棉布上。完成后慢慢撕开胶布	敲打力度均匀，印染颜色鲜明，形态美观
4	晾干	等棉布上的汁液完全吸收，将拓染好的棉布统一挂起晾干。如需清洗，则用盐水进行清洗，以免褪色	棉布应放置在阴凉、通风的地方晾干，不暴晒
5	工具与场所清理	完成拓染后，清理现场，确保实践场所干净有序	场所整洁，工具整齐干净
6	总结	邀请每个小组派出一名代表，对实践过程中小组遇到的问题或拓染的技巧进行总结分享	表达清晰，真情实感

劳动实践评价

植物拓染实践结束后，由组长组织小组进行讨论，每人对自己的劳动态度、劳动质量、劳动结果进行自我评价，总结自己在劳动知识与技能、合作意识、沟通能力、吃苦耐劳精神等方面的感悟，最后教师进行总体评价。

植物拓染实践评价见表4-12。

表4-12 植物拓染实践评价

劳动评价（满分100分）	评价标准	成绩/分	
过程评价（30分）	认真按照老师的步骤，成功完成植物拓染并制作出令自己满意的图案，和小组成员友好合作并互相指导		
自我评价（30分）	认真听讲，动手操作时与组员能友好合作，形成严谨细致的劳动态度		
课程感悟（20分）	谈谈拓染的知识，充分了解拓染的过程，总结从拓染中学习到的经验		
成果展示（20分）	拓染后的布料整洁，拓染的图案完整、边缘清晰、不晕染		
教师评价		合计	

拓染工具和材料见图4-12，拓染过程见图4-13，拓染作品见图4-14。

图4-12 拓染工具和材料

图4-13 拓染过程

图4-14 拓染作品

任务七　单丛茶的采摘

学习目标

知识目标

了解中国茶文化和茶叶历史，了解有关单丛茶的采摘知识，学习采茶技巧和茶叶制作的工序。

技能目标

通过现场观察和采摘茶叶的实践，在观察、动手操作、讨论交流的过程中掌握正确采摘单丛茶的方法和技术要求，最终能够独立完成正确的采摘相关工作。

素养目标

通过单丛茶的采摘劳动，学习中国茶文化的历史内涵，体验与同伴一起动手采茶的乐趣，激发积极学习茶学的热情。

必备知识

单丛茶是一种传统名茶，产自广东，具有形美、色翠、味甘、香郁的特点。单丛茶是介于全发酵的红茶与不发酵的绿茶之间的半发酵乌龙茶，体现了乌龙茶制作过程最精细的制茶工艺。

单丛茶是一种多次采摘、常年收获的植物。单丛茶因为当时的优异古茶树全部采用单株采摘法而得名。单丛茶的采摘工艺是采用人工或者人工和机械合作而成，制作过程有晒青、晾青、做青、杀青、揉捻、烘焙共达6道工序。

采茶，是茶树栽培的收获过程，也是茶叶加工制作的开始。单丛茶的采摘时间最迟不会超过6月中旬，秋季和冬季的采摘时间是在9月中旬之后，如果超过了时间进行采摘，会让单丛茶的品质大打折扣。在单丛茶达到三年以上的树龄就可以进行采摘。

任务设计

1. 实践场所

要求种植有单丛茶的地方，如茶园。建议选择较矮的茶树，方便学生采摘。

2. 授课学时

2学时。

3. 材料和工具

单丛茶树、手套（露出手指尖的）、遮阳帽、茶篓、茶筐。

4. 注意事项

（1）带上适量饮用水，建议学生穿着严实，穿上长衣、长裤和长袜，戴草帽，戴上露指手套，防止蚊虫叮咬、防晒和防中暑。

（2）事先联系交通工具，并提前跟当地茶园管理人员联系协商，确保采摘茶叶之后的制作工序可以及时进行。

（3）劳动前进行安全教育，注意安全。劳动时注意各个环节的技术要点，在不伤害茶树的情况下合理采摘茶叶，确保茶树良好生长，创造更多经济效益。

（4）茶园内防滑防摔。如果发现同学对青茶叶过敏，先外涂防过敏药物，严重的及时送医院治疗。

任务实施

1. 分组和制订计划

3~5人分为一组，并选定组长。小组成员共同观察讨论，制订劳动目标和计划，根据成员个人优势明确任务分工。

2. 劳动步骤

以小组为单位，成员共同完成一次单丛茶采摘劳动过程。单丛茶采摘劳动步骤见表4-13。

表4-13 单丛茶采摘劳动步骤

序号	步骤	劳动说明	劳动标准
1	选择适宜的采摘时间	鲜叶的采摘最好选择在晴天上午10时到下午4时。一天当中，不同时段采摘的鲜叶，原材料状态不同，对单丛茶的品质形成会有一定的影响	（1）上午10时前采摘的鲜叶：梢叶大多带有露水，表面水多，含水量高。 （2）上午10时后至中午12时采摘的鲜叶：梢叶表面的水已散失，叶片内的水分也得到部分蒸发，含水量降低，采后应及时摊于室内晾青。

续表

序号	步骤	劳动说明	劳动标准
1	选择适宜的采摘时间	鲜叶的采摘最好选择在晴天上午10时到下午4时。一天当中，不同时段采摘的鲜叶，原材料状态不同，对单丛茶的品质形成会有一定的影响	（3）下午1时至4时采摘的鲜叶（称为“午青叶”）：梢叶经过上午的光合作用和自然蒸发，含水量适中，清爽鲜活，影响茶叶香气的前导物质逐渐呈活跃状态，又有充裕的晒青时间，为后续的制作奠定良好基础，是最佳的采摘时段。 （4）下午4时后采摘的鲜叶：梢叶含水量较低，太阳西斜，光强减弱，大多错过日光晒青的最佳时间，影响萎凋效果
2	观察茶树叶片的老嫩程度	适度的鲜叶制成的茶叶，香气高，滋味醇厚；过嫩的鲜叶制成的茶叶，则香气低，味浓带涩；过老的鲜叶制成的茶叶，则香气低而短，滋味淡薄，外形粗松	采摘的标准是看茶叶的嫩度而定。根据茶叶的大小、展芽的多少、嫩叶的色泽和形状等特征来判断新梢的嫩度。当新梢已经形成驻芽，叶色转青绿，近基部的一两片新叶已经接近成熟，便是采摘的最适宜时机
3	规划方案	明确小组成员间分工	采摘、收集和拍照记录
4	采摘过程	采用单手骑马式采摘法或双手采摘法正确采摘茶叶	（1）单手骑马式采摘法　用拇指和食指捏住新梢的茎梗，叶子分开在手指的两边，轻力上折。这种手法较普遍，也不容易折伤芽叶，对茶叶质量有保证。 （2）双手采摘法　又称反手雄鸡啄米式。一般只适用于规整和修剪为齐腰的茶树，或者作为比赛采摘速度的专用手法，目前比较少用
		采下来的鲜叶要做到“四不”	（1）不紧握　每采下3~5个芽梢及时放入茶篓，不要紧捏在手中，防止手温传热。 （2）不紧压　放入茶篓的鲜叶，要及时倒入茶筐，让其呈自然松放状态，不能压实，避免叶温升高。 （3）不受晒　装有鲜叶的茶筐应放置在阴凉处，不受阳光照晒。 （4）不混装　不同品种的鲜叶，老嫩程度不同的鲜叶，以及叶表水未消失的鲜叶应分开装放
5	交接工作	与当地茶农茶厂交接茶叶	采摘好的茶叶要及时晒青，晒青是单丛茶优异品质形成的一个重要环节
6	工具与场所清理	完成以上步骤后，清理现场，清洗工具，确保茶园干净有序	茶园整洁，工具整齐干净

3. 采茶技术要点

（1）在采摘的过程中，为防止鲜叶变质，应注意：① 采摘时要使芽叶完整，在手中不可紧捏，放置茶篮中不可紧压，以免芽叶破碎、叶温增高；② 采下的鲜叶要放置在阴凉处，并及时收青，每天至少中午、傍晚各运往茶厂一次；③ 运青的容器应干净、透气、无异味；④ 运送鲜叶过程中，堆放时不可重压。

（2）从茶树新梢上摘取芽叶的手法，有手采和机采等。为了安全起见，建议采用手采法。手采有下列几种。

① 掐采：又称折采，凡细嫩茶叶的标准采摘都应用这一手法。

② 提手采：这是适中标准采摘的手法，大部分红绿茶区均用之。

③ 双手采：这是提高采茶工效的先进手采方法，比单手采效力提高50%~100%，一般每人每天少的可采20~25千克，多的可达35~40千克，但茶树必须具有理想的树冠，采摘面平整，发芽整齐。

劳动实践评价

单丛茶采摘实践结束后，由组长组织小组进行讨论，各自分享采茶的感受和乐趣，充分听取大家的意见和建议，总结自己在劳动知识与技能、合作意识、沟通能力、吃苦耐劳精神等方面的感悟，最后教师进行总体评价。课后可以通过写日记和心得分享来加深对这次采茶活动的印象，养成更好的劳动态度。

单丛茶采摘实践评价见表4-14。

表4-14　单丛茶采摘实践评价

劳动评价（满分100分）	评价标准	成绩/分
过程评价（20分）	茶叶采摘质量良好，如没有老叶、没有过多枝条、不混杂杂草，采摘姿势正确；能够积极解决劳动过程中遇到的问题	
自我评价（20分）	主动、认真地完成所分配的劳动任务；感受到劳动的乐趣与意义，从而尊重劳动并崇尚劳动	
课程感悟（20分）	正确掌握相关采茶姿势，采茶过程中仔细认真，团队之间和谐合作	

续表

劳动评价（满分100分）	评价标准	成绩/分	
观察日记（20分）	能够自主学会观察，具有一定的观察思考能力，还能在劳动中展现动手能力和应变能力		
成果展示（20分）	能够在相关条件下完好地展示出劳动教育的最终效果		
教师评价		合计	

茶园见图4-15，单丛茶叶见图4-16，采摘后的茶叶见图4-17。

图4-15　茶园

图4-16　单丛茶叶

图4-17　采摘后的茶叶

任务八　绿茶制作和茶艺实践

学习目标

知识目标

通过对茶叶制作、茶艺等课程的学习，了解茶叶基本知识和茶艺礼仪，理解以茶知礼和自然谦和的茶文化含义。

技能目标

掌握茶叶制作的入门技术，以及茶艺活动中选茗、择水、烹茶技术和茶具艺术的技巧。

素养目标

通过茶叶制作和茶艺的实践，了解中国浓重的茶文化，了解茶性清纯、幽雅、质朴的气质。

必备知识

茶叶起源于中国，茶叶最早是被作为祭品使用的。但从春秋后期就被人们作为菜食，在西汉中期发展为药用，西汉后期才发展为宫廷高级饮料，普及民间作为普通饮料那是西晋以后。发现最早人工种植茶叶的遗迹在浙江余姚的田螺山遗址，已有6000多年的历史。在这悠久的历史发展进程中，茶已成为中国各族人民日常生活的一部分。茶是中国人的国饮，因为茶中含有多种维生素、茶素、精油、氟素等成分，有明目、清脑、利尿等功能，因此中国人相信一个常饮茶的人必能延年益寿。现代进步的科学证明茶有医学上的效用，对人体有益处，故茶已被世界各国公认为是天然的健康饮料。

中国有六大茶类：绿茶、黄茶、白茶、青茶（乌龙茶）、红茶和黑茶。茶道在中国已有1000多年历史，包括茶艺、茶礼、茶镜、修道四大要素。茶道入门基本知识首先要懂泡茶的正确步骤，主要包括温具、置茶、冲泡、倒茶、奉茶、品茶。

任务设计

1. 实践场所

当地茶园和茶艺室。

2. 授课学时

5学时。

3. 注意事项

劳动前进行安全教育，注意机器使用安全。劳动时注意各个环节的操作要点，确保学生不会受伤，实践过程中避免茶树被破坏。

任务实施

1. 分组和制订计划

3人分为一组，确定其中1人为组长。小组成员通过讨论，制订劳动目标和计划，进行任务分工。

2. 劳动步骤

以小组为单位，成员共同完成一次绿茶制作和茶艺实践劳动过程。绿茶制作和茶艺实践劳动步骤见表4-15。

表4-15　绿茶制作和茶艺实践劳动步骤

序号	步骤	劳动说明	劳动标准
1	参观茶园	由茶园管理人带领参观茶园基地，听茶师傅讲解采茶方法、摘茶标准及安全事项，了解加工茶叶的过程和学习茶艺	劳动步骤翔实
2	手工采茶	使用提手采：将幼嫩芽叶用食指和拇指轻轻地交合在一起，往上一提	避免撕、拉、拧、掐等错误的手法
3	茶叶加工	在茶场师傅的讲解下，学习机器加工茶叶的方法及流程，观察和学习专业炒茶师傅如何手工制茶并动手操作。 杀青：将茶叶倒进铁锅内，以木柴加温杀青至微黄褐色，采用揉条和杀青操作。 揉捻：揉捻叶有较好的卷曲状态和一定比例的破碎率，绿茶为50%～65%。揉捻时应掌握“热揉、适当重压、快速、短时”的原则。 干燥：先经过烘干，然后进行炒干	学习杀青－揉捻－干燥三步工艺制作
4	茶艺知识学习	听茶艺老师介绍茶具、茶叶冲泡的步骤与方法，并观看演示，学习中国传统茶文化。 泡茶三要素：水温、投茶量、冲泡时间。 茶具：盖碗、玻璃杯、马克杯等。 冲泡时间：10～15秒。 水温：绿茶较鲜嫩，水温不宜过高，85℃较适宜。 投茶量：茶：水=1：50（质量比）	动手冲泡茶叶进行一次茶艺体验
5	整理器具	清洗各自的茶具等并摆放至原位	现场整洁，器具整齐

劳动实践评价

绿茶制作和茶艺实践结束后，小组成员对自己的实践进行讨论，总结自己在劳动知识与技能、合作意识、沟通能力、吃苦耐劳精神等方面的感悟，最后教师进行总体评价。

绿茶制作和茶艺实践评价见表4-16。

表4-16　绿茶制作和茶艺实践评价

劳动评价（满分100分）	评价标准	成绩/分	
过程评价（20分）	正确采摘、使用工具，现场整洁		
自我评价（20分）	活动有始有终，成果突出，及时总结、交流和评价，学有所获		
课程感悟（20分）	了解中国传统茶文化、茶叶采摘与制作过程		
观察日记（20分）	对采摘成果、体能、劳动态度综合考察		
成果展示（20分）	晾晒自己的采摘成果，并给父母简单冲泡一杯茶		
教师评价		合计	

茶园见图4-18，采茶见图4-19，茶叶加工见图4-20，倒茶见图4-21。

图4-18　茶园

图4-19　采茶

图4-20　茶叶加工

图4-21　倒茶

任务九　植物标本的制作

学习目标

知识目标

了解制作植物标本的相关知识，了解物理或化学手段保存植物的原理。

技能目标

能根据不同的植物类型，掌握植物标本制作和保存的方法。

素养目标

通过制作和欣赏植物标本，培养对濒危物种的保护意识，以及对植物生物多样性保护的生态理念。

必备知识

植物标本对于植物分类工作意义重大，它使得植物学家在一年四季中都可以查对采自不同地区的标本。目前部分植物标本馆收藏百万份以上的腊叶标本，植物学家借助于这些标本从事描述和鉴定。

制作植物标本，是指将植物的全株或部分用各种方式处理，使其保持原形或基本特征，能永久保存于植物标本馆中，为科学研究和实验教学提供原始资料。植物标本按制作方法可分为腊叶标本、浸渍标本、风干标本、叶脉标本等，常见的有腊叶标本和浸渍标本。植物标本是人们认识植物形态结构和鉴别植物的主要方式之一，也是长期保存植物的重要形式，少数植物标本具有收藏的价值。

普通植物标本的制作一般在美观上不太讲究，也不太注重颜色的保持。但是如果作为科普展览展示用的植物标本，或者作为装饰用的植物标本，在制作的过程中对于标本是否平整、美观，色彩保持如何就会有更多的讲究。

任务设计

1. 实践场所

干燥、光线良好的教室或实验室。

2. 授课学时

3学时。

3. 材料和工具

铁锹、采集袋，标本记录卡、标本标签、标本夹、剪刀、调色盘、毛笔、白乳胶、标本框、卡纸、废报纸、吸水纸、冷裱膜。

4. 注意事项

劳动前进行安全教育，穿着长袖长裤，佩戴遮阳帽。采摘植物时选择阳光充足的地点，减少阴暗地区被蛇、虫、蚊等叮咬的危害，劳动时注意各个环节的技术要点，确保标本压制充分。植物标本制作完成后，需放置在阴凉的地方保存。

任务实施

1. 分组和制订计划

4人分为一组，选出小组长，小组成员通过讨论，制订劳动目标和计划，进行任务分工。

2. 劳动步骤

以小组为单位在校内采摘喜欢的植物，每人完成一次植物标本制作劳动过程。植物标本的制作步骤见表4-17。

表4-17　植物标本的制作步骤

序号	步骤	劳动说明	劳动标准
1	规划方案	制订详细的植物标本制作方案和具体实施步骤，明确学生的劳动内容	方案完整，劳动步骤翔实，能够指导劳动操作
2	材料与工具准备	准备各环节需要的材料与工具。每组需准备1把铁锹、1个采集袋、4张标本记录卡、标签若干、2把剪刀、2个调色盘、2支毛笔、4个标本框、1个标本夹、8张A3卡纸、8张A3冷裱膜	清点数量，摆放整齐
3	植物采集	以小组为单位在校内植物园或绿化地采集植物样品，用铁锹小心地挖出整株植物或者用枝剪剪取植物的一部分。将采集到的植物修剪成合适的大小、形状，将它放进收集袋中，并且封好袋口，防止植物过快枯萎	根据需要采集植物，植物样品保证形态完整
4	采集记录	在记录卡上填写名称标签和采集信息。植物标本记录卡内容包括标本号、采集日期、采集地点、生态环境、学名、通用名、采集人、鉴定人	采集信息记录完整准确
5	标本夹压制	（1）打开标本夹，把其中一个木夹内侧朝上平放，把一块瓦楞纸放上去，再放3～5张吸水纸。 （2）把采集的植物按标准摆在标本夹上，摊开，修剪整齐。 （3）在上面覆盖3～5张吸水纸，然后把下一份采集的植物摆上去，再叠加几张吸水纸，如此类推。 （4）植物摆放完整后，把剩下的瓦楞纸放上去对齐。 （5）把剩下的木夹板盖在最上层，板与板间对齐，再用绳子把这些叠好的植物和纸收紧。 （6）标本夹放在干燥的地方	正确按照步骤进行，使植物压制充分
6	工具与场所清理	完成标本制作后，清理现场，确保场所干净有序	标本制作场所整洁，工具整齐干净
7	标本夹更换吸水纸	每1～2天更换1次吸水纸。换上清洁干燥好的备用吸水纸	此步骤也像用标本夹压制植物一样操作
8	标本装裱	（1）在调色盘中将白乳胶加水稀释。 （2）将标本反置于白纸上。 （3）小心地用毛笔在反置的标本上方涂抹稀释后的白乳胶。 （4）用卡纸盖上刷好白乳胶的标本并按同一方向按压使标本贴在卡纸上。 （5）将冷裱膜小心撕下，并将贴有标本的卡纸置于冷裱膜中，封盖好，排走空气	刷胶时要注意保持植物形态的完整，在装框时要注意安全

劳动实践评价

植物标本制作实践结束后，小组内成员进行讨论，充分听取大家的意见和建议，每人对自己的劳动态度、劳动质量、劳动结果进行自我评价，总结自己在劳动知识与技能等方面的感悟，最后教师进行总体评价。

植物标本的制作实践评价见表4-18。

表4-18 植物标本的制作实践评价

劳动评价（满分100分）	评价标准	成绩/分
过程评价（20分）	全程参与样品采集、标本压制和装裱等操作，参与过程中边动手边思考，团队协作好	
自我评价（20分）	总结自己在参与过程中的不足之处，并谈谈作品的优缺点	
课程感悟（20分）	回顾课程的学习内容，谈谈自己从植物采集到制作标本的经验和感悟	
成果展示（40分）	植物标本完整、美观，保存信息准确	
教师评价		合计

摆放植物见图4-22，标本压制见图4-23，植物标本见图4-24。

图4-22 摆放植物

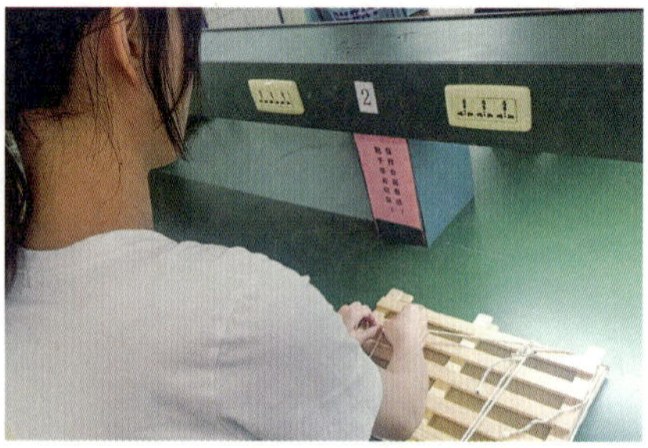

图4-23 标本压制

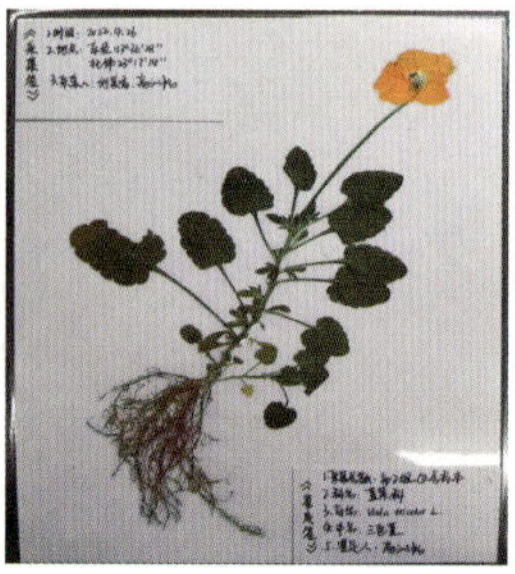

图4-24 植物标本

任务十　昆虫标本的制作

学习目标

知识目标

通过昆虫形态生物学知识的学习，培养能够自主观察昆虫、认识昆虫种类和形态的能力。

技能目标

学会使用捕虫工具捕捉昆虫，初步掌握对昆虫的防腐处理和干燥处理的方法，使用昆虫针将昆虫的身体进行整姿，观察昆虫的形态特点，培养勤于动手、自主观察的能力。

素养目标

通过捕捉昆虫和制作标本，养成爱护昆虫、保护自然的意识，增进与大自然之间和谐共处的关系。

必备知识

昆虫属于节肢动物，种类众多，形态多样，是动物中数量最多的一类。昆虫的身体分为头、胸、腹三部分。成虫通常有2对翅和3对足，均位于腹部。

昆虫标本是保持昆虫原样或对昆虫进行加工之后，用于人们学习和研究使用的昆虫样品，是我们认识昆虫的原始教材。我们所看到的那些活灵活现的昆虫标本，就是通过化学和物理的方法，使昆虫仍能保持原有的颜色和形态。我们可以通过研究昆虫的形态特征，了解昆虫的生活习性，既可以减少昆虫对我们的伤害，还可以尽最大可能保护昆虫，对维护生态平衡具有重要的意义。

任务设计

1. 实践场所

捕捉昆虫场所选择学校的植物园和绿化地。制作标本场所选择通风、干燥和光线良好的实验室。

2. 授课学时

共5学时，包括捕捉昆虫2学时，标本制作2学时，标本保存1学时。

3. 材料和工具

捕虫网、三角纸、镊子、玻璃瓶、泡沫板、75%的乙醇、95%的乙醇、手套、展翅板、棉花、昆虫针、标签纸、标本盒、硫酸纸。

4. 注意事项

应在老师指定的区域捕捉昆虫，避免被有毒的昆虫叮咬，捕捉像蜜蜂等的昆虫应在老师的指导下进行，以免被刺伤或划伤，注意捕捉到昆虫后尽量不要损伤到昆虫的身体。注意工具的安全使用，做完标本后要将实验室打扫干净，将药物和工具放回原处。

任务实施

1. 分组和制订计划

2~3人分为一组，选出小组长并分配好各自的任务。

2. 劳动步骤

以小组为单位，成员共同完成一次昆虫标本制作劳动过程。劳动步骤见表4-19。

表4-19　昆虫标本的制作劳动步骤

序号	步骤	劳动说明	劳动标准
1	材料与工具准备	准备迷晕昆虫的药剂和捕虫网等工具	一个玻璃瓶装1/5的75%乙醇，另一个玻璃瓶放浸有95%乙醇的棉花团，折叠多个三角纸袋用于装昆虫
2	捕捉昆虫	观察植物园和绿化地的昆虫分布情况，再用捕虫网捕捉昆虫，捕捉到昆虫后要立即封住网口，然后转移到玻璃瓶中	小昆虫装进含有75%乙醇的玻璃瓶，大昆虫装进含有95%乙醇的玻璃瓶。注意像蛾类、蝶类等翅膀较大、扁平的昆虫，先摁住昆虫的胸部，待其昏迷后，再将其移到三角纸袋
3	制作标本	（1）昆虫被迷晕后，将捕捉到的昆虫用镊子从玻璃瓶中取出，放在泡沫板上。 （2）软化　若采集的昆虫已经死亡，虫体坚硬，需要将昆虫软化才能制作标本，否则虫体易碎。	（1）操作小心，保持昆虫的完整。 （2）软化　把昆虫放在潮湿的沙土上，用塑料薄膜盖住，1~2天即可软化。也可以用注射器在虫体内注射温水使其软化。

续表

序号	步骤	劳动说明	劳动标准
3	制作标本	（3）展翅　蛾类、蝶类等有较大翅膀的昆虫要用展翅板来制作标本。根据虫体的大小来看，有不同的制成标本的方法，过程中动作要小心翼翼，尽量用镊子触碰或移动虫体	（3）展翅　① 用大的昆虫针插在虫体的胸腹部；② 将其放在展翅板的沟槽里并插在底板上，再用小镊子调整虫体使体背与沟槽口面相齐；③ 用硫酸纸把昆虫翅膀压在板上，然后在纸端上用大的昆虫针固定在各个翅膀前方稍远的位置
4	不同大小的昆虫制作方法补充	根据昆虫的大小不同，选择具体的标本制作方法	大昆虫制作标本方法：首先用昆虫针从昆虫的胸部腹板垂直插入，不必插得太深，使虫体腹面朝上，移到泡沫板上，把针插入泡沫板固定，虫体背面紧贴板面，然后用针将翅膀、足或触角分离。 小昆虫制作标本有两种方法：① 在一根长针上插上用硬白纸或透明胶片做成的小三角纸，再用一根短针，针尖向上刺在三角纸上，然后将昆虫插在短针上。② 把小三角纸插在昆虫针上，然后在尖端粘上透明胶水，再将不需要展翅的小昆虫标本的右侧粘在上面。（两种方法的昆虫针都要插到泡沫板上）
5	写标签	标签上应注明昆虫名称、采集地点、采集日期、采集人姓名	字迹干净工整、清晰明了
6	干燥标本	将固定好的昆虫和展翅好的昆虫进行干燥，以便于长时间保存	放在室内阴暗干燥、无尘、无虫的地方自然风干，一般10天后标本即可完全干燥
7	保存标本	将风干后的虫体移到专用标本盒，同时做好防虫、防潮的工作	将昆虫针拔取出来，留下固定虫体的昆虫针，然后把干燥的昆虫标本放在标本盒内，并在盒子一角放上樟脑精用来驱虫。在标本盒右下角贴已写好的标签后，放到阴凉干燥的地方存放
8	昆虫分类的学习	做完昆虫标本后，教师可以让学生介绍自己的昆虫标本的基本特征，然后教师具体介绍昆虫的基本形态特征和生活习性，并让学生判断是害虫还是益虫，了解其对我们的生活环境的影响	认真听讲

劳动实践评价

昆虫标本制作实践结束后，由组长组织小组进行讨论，总结自己在劳动知识与技能、合作意识、沟通能力、吃苦耐劳精神等方面的感悟，最后教师进行总体评价。

昆虫标本的制作实践评价见表4-20。

表4-20　昆虫标本的制作实践评价

<table>
<tr><th>劳动评价（满分100分）</th><th>评价标准</th><th colspan="2">成绩/分</th></tr>
<tr><td>过程评价（40分）</td><td>按照操作步骤，配合小组合作完成昆虫标本制作</td><td colspan="2"></td></tr>
<tr><td>自我评价（20分）</td><td>感受深刻，真情实感，结合自己劳动的过程，谈谈收获</td><td colspan="2"></td></tr>
<tr><td>课程感悟（20分）</td><td>回顾课程的学习内容，谈谈自己从捕虫到制作标本的经验和感悟</td><td colspan="2"></td></tr>
<tr><td>成果展示（20分）</td><td>昆虫标本干燥、不腐败、不发霉，昆虫器官完整、整洁，标签内容正确，符合粘贴要求</td><td colspan="2"></td></tr>
<tr><td>教师评价</td><td></td><td>合计</td><td></td></tr>
</table>

虫体固定见图4-25，阴干虫体见图4-26，阴干后的虫体装入标本盒见图4-27，昆虫标本见图4-28。

图4-25　虫体固定

图4-26　阴干虫体

图4-27　阴干后的虫体装入标本盒

图4-28　昆虫标本

任务十一　鱼菜共生简易系统的制作

学习目标

知识目标

了解鱼菜共生简易系统的原理和运作相关知识，掌握鱼菜共生的方法和技术要求。

技能目标

能独立完成构建鱼菜共生简易系统，掌握构建简易系统的关键技术。

素养目标

通过鱼菜共生简易系统的原理学习和手工制作，培养节约水资源和环保的意识，提高动手能力和逻辑思维能力。

必备知识

鱼菜共生是一种新型的复合耕作体系，它把水产养殖与水耕栽培这两种原本完全不同的农耕技术，通过巧妙的生态设计，达到科学的协同共生，从而实现养鱼不换水而无水质忧患，种菜不施肥而正常成长的生态共生效应。

在传统的水产养殖中，随着鱼的排泄物积累，水体的氨氮增加，毒性逐步增大。而在鱼菜共生系统中，水产养殖的水被输送到水培栽培系统，由细菌将水中的氨氮分解成亚硝酸盐、然后被硝化细菌分解成硝酸盐，硝酸盐可以直接被植物作为营养吸收利用。鱼菜共生让动物、植物、微生物三者之间达到一种和谐的生态平衡关系，是可持续循环型零排放的低碳生产模式，也是有效解决农业生态危机的有效方法。

任务设计

1. 实践场所

要求阳光充足、无风、无尘环境等场所实施。

2. 授课学时

1学时。

3. 材料和工具

实践材料和工具见表4-21。

表4-21　实践材料和工具

序号	物品	规格/厘米	数量
1	小白菜苗	10~12	12
2	罗非鱼苗	5~6	6
3	透明水箱	38.5×26×21	1
4	漂浮板	60×40	1
5	定植棉	3×3	12
6	定植篮	4.5×4.5	12
7	剪刀	—	2

4. 注意事项

注意刀具的使用，养护过程中保证菜苗和鱼苗的存活率。

任务实施

1. 分组和制订计划

3~5人分为一组，并任命组长。小组成员共同讨论，制订劳动目标和计划，根据成员个人优势协商确定任务分工。

2. 劳动步骤

以小组为单位，成员共同完成一次鱼菜共生简易系统的制作劳动过程。鱼菜共生简易系统的制作劳动步骤见表4-22。

表4-22 鱼菜共生简易系统的制作劳动步骤

序号	步骤	劳动说明	劳动标准
1	规划方案	制订详细的鱼菜共生简易系统的手工制作方案和具体实施步骤，明确成员间分工和劳动内容	方案完整，劳动步骤翔实，能够指导劳动操作
2	材料与工具准备	准备各环节需要的材料与工具	清点数量，摆放整齐
3	装水和鱼	取透明水箱去盖，装水加鱼	透明水箱装水到能将定植篮底部浸水即可，加入罗非鱼苗
4	搭架和装小白菜苗	将漂浮板放置在透明水箱上，把单根菜苗夹在定植棉里，然后装在定植篮里，并放入漂浮板的孔中	每片漂浮板12孔，漂浮板除孔外的其余位置挖若干个小洞以保持水箱内外空气流通。把菜苗夹入定植棉，露出根的部分，定植棉放入定植篮时避免损害根。定植篮要深入水面以下1~2厘米，保证小白菜苗根部浸水
5	工具与场所清理	完成手工后，清理现场，确保手工场所干净有序	手工场所整洁，工具整齐干净

劳动实践评价

鱼菜共生简易系统的手工制作实践结束后，由组长组织小组进行讨论，充分听取大家的意见和建议，每人对自己的劳动态度、劳动质量、劳动结果进行自我评价，总结自己在劳动知识与技能、合作意识、沟通能力、吃苦耐劳精神等方面的感悟，最后教师进行总体评价。

鱼菜共生简易系统的制作实践评价见表4-23。

表4-23 鱼菜共生简易系统的制作实践评价

劳动评价（满分100分）	评价标准	成绩/分
过程评价（20分）	小组内能制订合理、完整的操作计划，操作过程流畅，完成质量较好	
自我评价（20分）	能实事求是地评价自我想法与操作，清楚自己在课程中的不足和优势	

续表

劳动评价（满分100分）	评价标准	成绩/分
课程感悟（20分）	能够发表实践过程的真情实感，总结课程感悟	
分工合作（20分）	合理分配任务，有序协调地完成，倾听同伴发言，能够很好地完成本职工作	
成果展示（20分）	系统的外观形态美观，完成质量较好	
教师评价		合计

定植篮见图4-29，漂浮板见图4-30，鱼菜共生简易系统见图4-31。

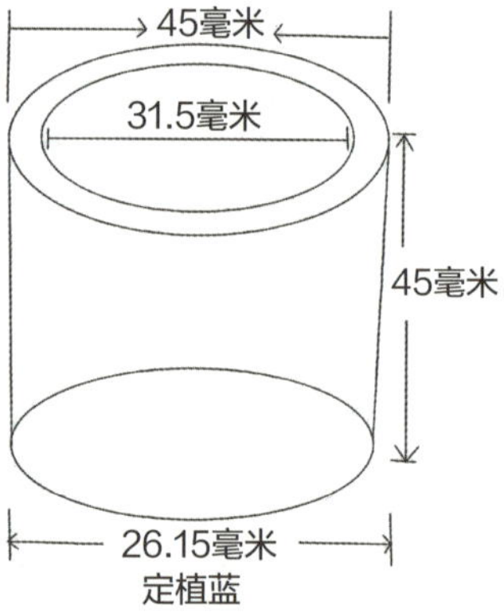

图4-29　定植篮

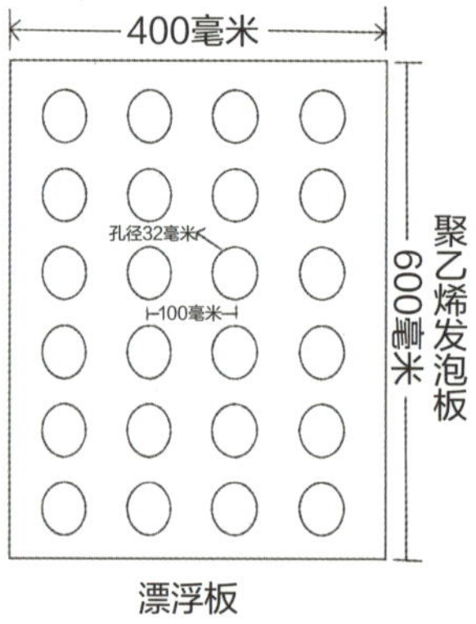

图4-30　漂浮板

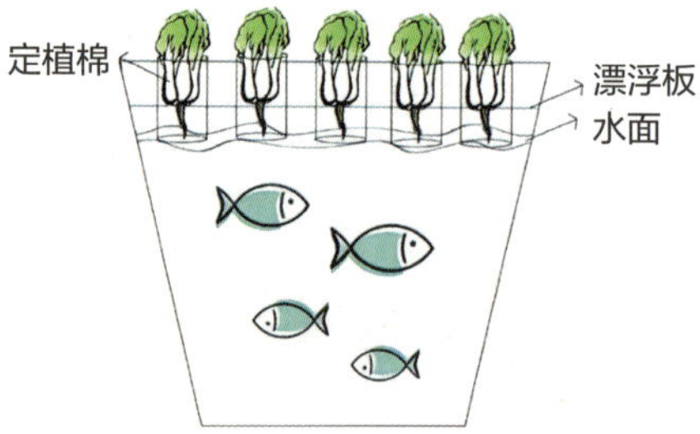

图4-31　鱼菜共生简易系统

任务十二　校园养蚕

学习目标

知识目标

通过实践，了解养蚕的相关知识，掌握养蚕的方法和技术要求。

技能目标

能根据蚕的生长特点，独立完成养蚕的相关工作，达到提高产量和品质、绿色环保的目的。树立劳动最光荣的价值观。

素养目标

通过校园养蚕劳动过程，树立节约资源、动物保护和环境保护意识，培养热爱劳动、吃苦耐劳、勤于思考、团结协作、认真负责的职业素养，形成严谨的工作态度和扎实的工作作风。

必备知识

养蚕是古代中国劳动人民创造的重要技艺，种桑养蚕之法相传源于黄帝的妻子嫘祖。校园养蚕能让学生了解学习蚕各个时期的形态特征和生长发育过程，提高观察及动手能力，培养责任心。大多数学校都有种植桑树，用桑叶养蚕既充分发挥了桑叶的价值，也符合绿色发展的要求，这有利于培养学生的环保意识。

任务设计

1. 实践场所

蚕室要求地面平整、洁净，前后有对流窗，最好开地脚窗。门窗要装好纱网防苍蝇，地脚窗装好铁丝网防老鼠。大棚和水泥房均可（天冷最好用水泥房，天热最好用大棚）。

2. 授课学时

校园养蚕总共5学时。其中消毒蚕室，摆放用具1学时；认领蚕卵，采摘桑叶，合理放置蚕卵1学时；观察幼虫期的蚕，筛选病蚕，并补充新鲜桑叶1学时；观察蛹期的蚕，确保环境适宜1学时；观察蚕蛾期的蚕，整理蚕室卫生1学时。

3. 材料和工具

蚕卵、养蚕置物架、0.8米宽的蚕簸、采叶箩、蚕室消毒用具、消毒药品、可洗手套和鞋套。

4. 注意事项

劳动前进行安全教育，注意用具使用安全。劳动时注意各个环节的技术要点和日常管理，确保蚕的健康成长。生长管理期间，注意卫生消毒安全。

任务实施

1. 分组和制订计划

3～5人分为一组，并任命组长。小组成员共同讨论，制订劳动目标和计划，根据成员个人优势协商确定任务分工。

2. 劳动步骤

以小组为单位，成员共同完成一次校园养蚕劳动过程。校园养蚕劳动步骤见表4-24。

表4-24 校园养蚕劳动步骤

序号	步骤	劳动说明	劳动标准
1	规划方案	制订详细的养蚕方案和具体实施步骤，明确成员间分工和劳动内容	方案完整，劳动步骤翔实，能够指导劳动操作
2	材料与工具准备	准备各环节需要的材料与工具	清点数量，摆放整齐
3	蚕室消毒	提前将消毒药品按比例配好，领蚕前提前将蚕室消毒好	按比例配好消毒药品并将蚕室消毒通风完全，未消毒的用品不能放入已消毒的蚕室内
4	搭架与放置	将置物架放在适当位置，放上蚕簸、蚕卵和适量桑叶	合理按要求摆放置物架，在蚕簸上放适量桑叶和蚕卵，蚕簸摆放整齐，轻柔放置蚕卵
5	工具与场所清理	放置完成后，清理现场，确保蚕室干净有序	蚕室整洁，工具整齐干净
6	生长期管理	保证生长期桑叶充足，保证蚕健康成长并做好记录	食物供应充足，生长环境适宜，注意蚕的健康状况，数据记录完整

3. 生长期记录

蚕生长期现象描述见表4-25。

表4-25 蚕生长期现象描述

生长时期	生长现象描述
孵化期	圆形、黑紫色、小粒
幼虫期	圆筒形，从黑褐色逐渐变成白色，身长1～8厘米
蛹期	椭圆形白色蚕茧、深褐色蚕蛹
蚕蛾期	白色，身体分为头、胸、腹三部分，长出触角和一对翅

劳动实践评价

校园养蚕实践结束后，由组长组织小组进行讨论，充分听取大家的意见和建议，总结自己在劳动知识与技能、合作意识、沟通能力、吃苦耐劳精神等方面的感悟，最后教师进行总体评价。

校园养蚕实践评价见表4-26。

表4-26　校园养蚕实践评价

劳动评价（满分100分）	评价标准	成绩/分	
过程评价（20分）	积极完成饲养全过程和管理得20分，按要求完成任务得16分，基本按要求完成任务得12分，未按要求完成任务得10分以下		
自我评价（20分）	自我评价优秀20分、良好16分、及格12分、差劲10分以下		
课程感悟（20分）	感悟颇深20分，感悟较深16分，感悟一般12分，没有感悟10分以下		
观察日记（20分）	各个时期记录完整得20分，每漏一个时期记录扣4分		
成果展示（20分）	养蚕全过程成功且记录完整得20分，蚕在各时期状态不好各扣2分		
教师评价		合计	

蚕卵见图4-32，幼蚕见图4-33，蚕见图4-34，蚕茧见图4-35。

图4-32　蚕卵

图4-33　幼蚕

图4-34　蚕

图4-35　蚕茧

任务十三　绿色循环的蚯蚓养殖

学习目标

知识目标

了解蚯蚓的生长过程，认识蚯蚓在人类环境中的重要性，掌握蚯蚓分解植物废弃物、促进植物生长的环境绿色循环原理。

技能目标

能独立完成蚯蚓养殖，掌握在家中或校园基地使用植物废弃物投喂蚯蚓及收集其分解物的方法。

素养目标

通过蚯蚓养殖的劳动实践，培养节约资源、爱护环境与利用生态循环的意识，并形成勤思考、爱动手的工作精神。

必备知识

蚯蚓有着“大自然的施肥者”“大地耕耘者”的称号，其能吞食大量的有机废弃物。通过养蚯蚓，可解决生活中产生的厨余植物和种植过程中产生的植物废弃物问题，如厨余菜叶、果皮、蛋壳、使用过的茶叶、过期的面包、谷物等，产出黑褐色、无臭味的蚯蚓粪。蚯蚓粪是蚯蚓的排泄物，质轻、粒细均匀、无异味，结构及功能特殊，可全面应用于各种植物的养殖，甚至可应用于鱼虾的养殖，号称“有机肥之王”。

蚯蚓粪本身就是大自然的产物，对环境友善温和，是一种绿色、安全和肥效长的优质有机肥，能够全面满足植物生长所需要的营养成分。蚯蚓粪干净卫生、保水保肥、营养全面，主要应用范围有家庭盆花、温室花卉、高档花卉栽培基质、名贵细小种子培养基、花圃、花卉营养土或追肥、无土栽培基质、轻型屋顶花园、新栽培或新移植的树木、灌木促生营养土、草坪营养土或追肥、高尔夫球场、足球场营养土或追肥、有机茶种植、有机水果种植、蔬菜种植、土壤改良介质、虾塘、鱼塘育肥、鱼饲料、虾饲料。

蚯蚓具有负趋光性的行为，不喜欢光照，喜欢生活在潮湿、疏松的土壤中。在人工养殖中要注意创造适宜其生长的环境，在不同场所采用不同的养殖方式，以提高空间利用率，以及废弃物的循环利用率。

任务设计

1. 实践场所

要求在夏季凉爽避光、冬季避风向阳的地方，环境空气湿度需保持在70%~80%，饲养土湿度保持在40%~50%，可以在校园角落或是遮阳架下，家庭阳台或是楼顶角落实施。

2. 授课学时

3学时。

3. 材料和工具

初始养殖材料：蚯蚓养殖箱、椰砖、稻草或树叶、蚯蚓活体、橡胶手套、遮阳网、塑料箱、洒水壶、铁铲、筛网。

日常饲养材料：落叶、杂草、动物性粪便、木屑、厨余菜叶、果皮及蛋壳、豆渣等。

4. 注意事项

劳动前进行安全教育，注意农具使用安全。劳动时注意各个环节的技术要点和日常管理，确保蚯蚓生长过程良好。生长管理期间，注意投喂的次数及用量。

任务实施

1. 分组和制订计划

3~5人分为一组，并任命组长。小组成员共同讨论，制订劳动目标和计划，协商确定任务分工。

2. 劳动步骤

以小组为单位，成员共同完成一次绿色循环的蚯蚓养殖劳动过程。绿色循环的蚯蚓养殖劳动步骤见表4-27。

表4-27 绿色循环的蚯蚓养殖劳动步骤

序号	步骤	劳动说明	劳动标准
1	规划方案	制订详细的蚯蚓养殖方案和具体实施步骤，明确成员间分工和劳动内容	方案完整，劳动步骤翔实，能够指导劳动操作
2	材料与工具准备	准备各环节需要的材料与工具	清点数量，摆放整齐
3	养殖基质	提前将基质放入蚯蚓养殖槽	先将一块椰砖放水中，发泡成松散的椰糠。然后每放一层10厘米左右的椰糠就要放一层树叶或杂草，以此类推，作为蚯蚓床的底料。整个蚯蚓养殖槽高度约40厘米。最后用洒水壶淋水到基质上使基质湿润
4	投放蚯蚓	将蚯蚓放入养殖箱	在基质准备好后投放蚯蚓活体，投放后在面上放一层约10厘米的新鲜果皮或菜叶
5	工具与场所清理	完成投放后，清理现场，确保养殖场所干净有序	养殖场所整洁，工具整齐干净
6	生长期管理	对蚯蚓养殖进行管理，每天注意观察，记录蚯蚓生长的活动情况	确保供应的有机废弃物充足，生长环境适宜，保持环境相对湿度，注意投喂次数及用铲子收集分解物，数据记录完整

3. 生长期记录与收集分解产物观察

蚯蚓生长期现象描述与收集分解产物观察见表4-28。

表4-28 蚯蚓生长期现象描述与收集分解产物观察

生长时期	生长条件和现象描述	收集分解产物观察
卵茧期	蚓茧的孵化时间与环境温度有关。在25℃时大约需要20天，28℃时大约需要15天	此时投放下去的原种蚯蚓的粪便，第一次收集，产粪量不多
幼蚓期	幼蚓体态细小且软弱，长度为0.5~2厘米，最初为白色丝绒状，然后变成与成蚓同样的颜色。此时期是养殖中的重要阶段。幼蚓期为30~50天	投放下去的原种蚯蚓与新生幼蚓的粪便，第二次收集，同样，产粪量不多

续表

生长时期	生长条件和现象描述	收集分解产物观察
若蚓期	若蚓期即青年蚓期，个体已接近成蚓，但未出现环带。若蚓期为20～30天	原种蚯蚓与新成蚓的粪便，第三、第四次收集，产粪量明显增多
成蚓期	成蚓的明显标志为出现环带，进入繁殖阶段。此期历时占蚯蚓寿命的一半	原种蚯蚓已衰老，剩第二代成蚓，但数量比原种蚯蚓多，第五、第六、第七次收集，产粪量中等
衰老期	环带消失，体重呈永久性减轻	第三代蚓进入幼蚓期，第八次收集，产粪量不多

劳动实践评价

绿色循环的蚯蚓养殖实践结束后，由个人与家庭成员或组长组织小组进行讨论，充分听取大家的意见和建议，每人对自己的劳动态度、劳动质量、劳动结果进行自我评价，总结自己在劳动知识与技能、合作意识、沟通能力、吃苦耐劳精神等方面的感悟，最后教师进行总体评价。

绿色循环的蚯蚓养殖实践评价见表4-29。

表4-29　绿色循环的蚯蚓养殖实践评价

劳动评价（满分100分）	评价标准	成绩/分	
过程评价（20分）	蚯蚓养殖环境干净整洁，及时清理残余的垃圾和蚯蚓排泄物，按时为蚯蚓提供食物，保持蚯蚓生活环境湿度		
自我评价（20分）	认真严谨、有耐心地记录观察日记，达到课程要求		
课程感悟（20分）	真情实感，明白劳动的意义，学习蚯蚓在生态循环中所起到的重要作用		
观察日记（20分）	每天记录蚯蚓的生长情况，根据实际情况，适当计算蚯蚓一天内能消耗多少厨余垃圾		
成果展示（20分）	蚯蚓生活环境湿润，蚯蚓生活习性正常		
教师评价		合计	

蚯蚓养殖见图4-36。

图4-36　蚯蚓养殖

项目五　烹饪与加工

任务一　扬州炒饭的炒制

学习目标

知识目标

了解炒饭的相关知识，掌握煤气火炉的使用安全知识，了解厨具的使用方法。

技能目标

熟悉扬州炒饭所使用的常用材料和制作流程，掌握刀具的使用技巧、食材处理方法和炒饭技能，能够独立完成扬州炒饭的过程。

素养目标

通过扬州炒饭的制作过程，感受做饭的乐趣，增加对下厨的热爱，培养生活独立自主的能力。通过实践，体会父母日常下厨时的辛苦，明白食物的来之不易，懂得珍惜粮食。

必备知识

扬州炒饭又名扬州蛋炒饭，是江苏省扬州市的一道传统名菜，属于淮扬菜，其主要食材有米饭、火腿、鸡蛋、虾仁等。扬州炒饭选料严谨、制作精细、加工讲究、注重配色。海外经商谋生的华人，特别是扬州厨师，把扬州炒饭传遍世界各地。

在淮扬菜体系中，扬州炒饭为一个类别，不同的工艺细节会导致不同的特色，如金镶玉炒饭、月牙白炒饭、什锦炒饭（又名三香碎金炒饭）等。此处“扬州炒饭”指约定俗成的、流传最为广泛的“什锦炒饭”。

任务设计

1. 实践场所

学校烹饪基地或家庭厨房等。

2. 授课学时

2学时。

3. 材料和工具

（1）主料　米饭、鲜鸡蛋（3～4个）。

（2）配料　中国火腿肉、虾仁、青豌豆、胡萝卜（米饭和配料的体积比不能大于7∶3）。

（3）调料　食用植物油、盐、香葱。

（4）工具　六个碗、电饭煲、锅铲、炒锅、一个碟子。

4. 注意事项

（1）劳动前进行安全教育，注意电饭煲、锅和刀具的使用安全，防止打碎玻璃和陶瓷餐具，烫伤后立刻冲冷水、敷药和就医。

大米选用籼米或新粳米。最好前一天烧好后放到冰箱里过一夜，这样的饭粒会饱满干香、口感弹牙。

（2）煮饭之前将大米用水淘洗干净，略浸后下锅煮至熟透，无硬心、粒粒松散、松硬有度为宜。

（3）炒饭时要防止焦煳。

（4）海鲜过敏者、糖尿病患者、肾病、肝胆病患者、高血脂和心脑血管疾病患者酌情慎食。适当保持饮食清淡，保持健康，避免疾病或诱发其他并发症。

任务实施

1. 分组和制订计划

两人一组，根据个人爱好，选择食材处理、加热方法和炒饭方式。

2. 劳动步骤

步骤1：选材和规划。

教师讲解、示范操作，或通过视频展示操作方法，确保学生掌握技巧和制作流程。选择食材与清点食材、辅料与工具，讨论食材处理、起锅烧油、材料加热和炒饭制作的流程方案。

步骤2：食材处理。

虾仁：将剥壳清洗干净的虾仁用牙签去掉虾线，然后横着切成小丁备用。

火腿：将火腿竖着切成片，再摆平切成条，接着横着切成颗粒备用。

胡萝卜：同火腿处理方法切成颗粒备用。

葱：将葱切成葱花备用。

青豆：清洗干净沥干。

鸡蛋、冷米饭：将三颗鸡蛋打入碗中，用筷子朝着同一个方向搅拌均匀，接着将搅拌均匀的蛋液倒一半在事先准备好的冷米饭上，带上一次性手套抓拌均匀。

步骤3：食材、辅料与工具清点。

辅料：油，水，食盐，鸡精；配料：虾仁，火腿，胡萝卜，葱花，青豆，蛋液，处理好的冷米饭；工具：铁锅，铁勺子，漏勺，碗，煤气炉，煤气，刀具。

步骤4：配料加热处理。

锅中烧开水，倒入虾仁和青豆焯水30秒，然后倒入胡萝卜丁与火腿，等水烧开10秒左右后用漏勺控水捞出，倒尽热水。

步骤5：炒米饭。

等锅烧干加入油，油热后，开中小火，接下来把蛋液慢慢倒入锅中，边倒边用铁勺不断搅拌，鸡蛋尽量炒碎一点，然后倒入混匀了鸡蛋的米饭，保持中小火翻炒，炒至蛋液定型。蛋液定型后倒入配菜，开大火翻炒1分钟后加入一小勺食盐与少许鸡精，炒至米饭发出噼里啪啦的声音后加入葱花，翻炒七八下即可出锅，关火。

步骤6：现场清理。

清洗工具，工具归位，检查电源、煤气是否关好，清理桌面与地面。

劳动实践评价

扬州炒饭的炒制任务结束后，由组长组织小组成员进行讨论，充分听取大家的意见和建议，每人对自己的劳动态度、劳动质量、劳动结果进行自我评价，总结自己的劳动知识与技能、合作意识、沟通能力、吃苦耐劳精神等方面的感悟，最后由教师进行总体评价。

扬州炒饭的炒制实践评价见表5-1。

表5-1　扬州炒饭的炒制实践评价

劳动评价（满分100分）	评价标准	成绩/分
过程评价（25分）	正确完成炒饭过程以及清理现场环境	

续表

劳动评价（满分100分）	评价标准	成绩/分	
自我评价（20分）	学生要写出自己在炒饭时的学习情况以及对自己在实践步骤中各个环节的自我评价		
课程感悟（25分）	总结在课程中学到的知识，对自己的合作意识、沟通能力等进行思考		
成果展示（30分）	按照学生炒饭结束后扬州炒饭的完成度以及学生的认真程度，同学间互相点评		
教师评价		合计	

任务二　枸杞叶瘦肉粥的煮制

学习目标

知识目标

学习枸杞的食疗同源知识，了解枸杞叶煮粥的食用价值和文化，掌握枸杞叶煮粥的方法和技术要领。

技能目标

能独立完成枸杞叶煮粥的工作，包括枸杞叶清洗、瘦肉腌制、煮粥和起锅等环节，提高动手能力。

素养目标

通过学习枸杞叶的煲粥方法，培养热爱中国的饮食文化和健康饮食的观念。

必备知识

枸杞是药食同源的营养保健型蔬菜和名贵中药，《神农本草经》中记载：“枸杞，味苦，寒。主五内邪气，热中消渴；周痹，久服坚筋骨，轻身不老。”民俗文化中火红的枸杞是吉祥的象征，是中华民俗文化八大吉祥植物之一。“湛湛露斯，在彼杞棘。显允君子，莫不令德”，诗经《湛露》中这四句话以枸杞来赞誉尊贵君子的美德美名，说明周朝时期枸杞在人们的生活中享有盛誉，富含文化内涵。

枸杞叶具有清热、明目、降压、通便的功效。现代研究显示，枸杞叶富含钙、铁、锌、硒等多种人体必需的微量元素和维生素B_1、维生素B_2、维生素C、维生素E等，还含有胡萝卜素、亚油酸、烟酸，以及天门冬氨酸、谷氨酸、蛋氨酸、牛磺酸等十几种人体必需的氨基酸。枸杞叶可入药配伍使用，也可单味泡水代茶饮。于汤剂中配伍枸杞叶，多用于高血压、糖尿病、贫血、视力减退等病症的治疗。

任务设计

1. 实践场所

设施设备安全和齐全的学校烹饪基地或家庭厨房。

2. 授课学时

2学时。

3. 材料和工具

洗菜盆、米、瘦肉、电饭煲、枸杞叶、食用油、盐、酱油、米酒、生姜、筷子、碗、厨房专用手套、保温饭盒（学生自带）。

4. 注意事项

劳动前进行安全教育，注意厨房用具的使用安全。劳动时注意防烫伤安全措施，在煮粥时打开锅盖，最好带上厨房专用手套，防止被水蒸气烫伤。

任务实施

1. 分组和制订计划

3～5人分为一组，并任命组长。小组成员共同讨论，制订劳动目标和计划，协商确定任务分工。

2. 劳动步骤

以小组为单位，成员共同完成一次枸杞叶瘦肉粥的煮制劳动过程，并且观察食物从生到熟的变化过程。枸杞叶瘦肉粥的煮制劳动步骤见表5-2。

表5-2　枸杞叶瘦肉粥的煮制劳动步骤

序号	步骤	劳动说明	劳动标准
1	规划方案	制订详细的煮粥方案和具体的实施步骤，明确学生的劳动内容	方案完整，劳动步骤翔实，能够指导劳动操作
2	材料与工具准备	准备各环节需要的材料与工具	清点数量，摆放整齐
3	腌制瘦肉	老师将瘦肉切成薄片后，分别放在各组碗中，各组同学分别往碗中加少量盐、酱油、生粉、花生油、姜丝，然后用筷子搅拌均匀，静置备用	腌制配料适量，搅拌充分
4	清洗枸杞叶	把枸杞叶从枝条上摘下，放入盆中清洗2～3次，清洗干净备用。摘叶过程中防止茎刺伤手	枸杞叶上无沙子或者其他杂物残留，表面青翠干净，无枯黄老叶
5	煲粥	将米洗净浸泡半小时，倒入电饭锅中，加入半锅清水，米和水的体积比大概为1：10。盖上盖子，插电后电饭锅调为煮粥模式	锅盖盖紧实，锅中水位过半
6	科普枸杞叶粥的营养	利用熬粥等待的时间，老师给学生科普食物中的营养	每组同学可以讲述枸杞粥的2个功效
7	加配料	待粥煮至黏稠时，打开锅盖，依次加入腌制过的瘦肉和新鲜枸杞叶，边加边搅拌	将粥煮至黏稠，防止沸腾出锅
8	出锅和品尝	再次煮开后，沸腾30秒关闭电饭煲电源，舀入碗中放凉品尝	瘦肉煮熟，粥再次沸腾30秒后关电饭锅电源
9	工具与场所清理	完成劳动实践后，清理现场，确保实践场所干净有序	实践场所整洁，工具整齐干净

劳动实践评价

枸杞叶瘦肉粥煮好后，由每组成员轮流品尝，充分听取大家的意见和建议，每人对自己的劳动态度、劳动质量、劳动成果进行自我评价，最后教师进行总体评价。

枸杞叶瘦肉粥的煮制实践评价见表5-3。

表5-3　枸杞叶瘦肉粥的煮制实践评价

劳动评价（满分100分）	评价标准	成绩/分
过程评价（20分）	按正确操作步骤完成淘米、腌制瘦肉、煮粥等	
自我评价（20分）	说出自己在操作过程中存在的问题和改进方法，对自己的表现进行总结	

续表

劳动评价（满分100分）	评价标准	成绩/分	
课程感悟（20分）	能从实践中学习到知识、掌握技能等，感悟劳动的艰辛和劳动的乐趣		
操作记录（20分）	步骤清晰地记录煲粥的主要流程，并注明操作的关键步骤和注意事项		
成果展示（20分）	同学间相互品尝、鉴定口味，有条件的情况下将粥打包带回家，并由父母品尝打分		
教师评价		合计	

枸杞叶瘦肉汤见图5-1，枸杞叶瘦肉粥见图5-2。

图5-1 枸杞叶瘦肉汤

图5-2 枸杞叶瘦肉粥

任务三 豆腐的制作

学习目标

知识目标

了解制作豆腐等相关知识，掌握制作豆腐的方法和技术要求，熟悉豆腐制作的过程。

技能目标

能根据豆腐制作方法与配料表，独立自主地完成制作豆腐的全过程，能在制作豆腐的同时，精简豆腐制作过程与找出错误步骤，达到培养独立自主的个人意识、树立积极的劳动观念、提高动手能力的目的。

素养目标

通过体验豆腐制作，了解豆腐相关知识与制作豆腐的工艺流程，掌握基本的制作方法。在体验豆腐的制作过程中，通过分享豆腐制作成果而获得愉悦。

必备知识

豆腐，英文名为tofu或bean curd，因为中国的豆腐最先由日本人传入西方国家，所以称呼用日本发音。相传豆腐为汉朝淮南王刘安发明。豆腐是我国素食菜肴的主要原料，在先民记忆中刚开始很难吃，经过不断地改造，逐渐受到人们的欢迎，被人们誉为“植物肉”。豆腐可以常年生产，不受季节限制，因此在蔬菜生产淡季，可以调剂菜肴品种。

豆腐有南北豆腐之分，主要区别在于点豆腐的材料不同。南豆腐（水豆腐）用石膏点制，因凝固的豆腐花含水量较高而质地细嫩，水分含量在90%左右；北豆腐（老豆腐）多用卤水或酸浆点制，凝固的豆腐花含水量较少，质地较南豆腐老，水分含量在85%左右，但是由于含水量更少，故而豆腐味更浓，质地更韧，也较容易烹饪。豆腐是中国的传统食品，味美而养生。一般意义上的豆腐多用黄豆、黑豆和花生豆等含蛋白质较高的豆类制作，也有绿豆豆腐、橡豆腐等特色豆腐制品。

鲜豆腐可以冷藏保存，真空包装的豆腐一旦包装被打开就必须保存好，可将之放入水中，然后用密封盒装好放在冰箱里。每隔两天换水的话，可以保存1周。冷藏后的豆腐更有弹性，颜色泛黄。烹饪前应在冰箱内解冻，从而尽可能少地改变其质地并防止滋生细菌。

任务设计

1. 实践场所

校内食品加工类基地。

2. 授课学时

2学时。

3. 材料和工具

材料：黄豆、水、卤水或内脂。工具：石磨、水桶、搅拌机、纱布、不锈钢铁锅、豆腐模具。

4. 注意事项

（1）泡豆　挑选的豆子要饱满，不能是新豆也不能是陈年老豆，要选择色泽淡黄、均匀的非转基因黄豆。根据季节、气温的不同，泡豆的时间也不同，一般夏天浸泡4～5小时，冬天泡8～9小时，泡的时间短或长都会影响豆腐的口感、质量。另外值得注意的是，室内温度较高的话，避免细菌过度繁殖，可以选择冰箱冷藏室里将豆子泡24小时。

（2）磨浆　磨浆主要是为了提取豆子里的蛋白质做豆腐。磨浆注意要研磨细腻，这样有助于提高产量。磨浆需要滤浆，滤除豆浆里面残留的豆渣，这样做出来的豆腐口感细腻，外表好看。

（3）煮浆　煮浆一定要煮沸！煮不熟的豆浆里面含有皂角素，口感不好还容易造成中毒，降低豆浆里面的营养。煮浆的时间越长、温度越高，越容易把豆香味煮出来，做出的产品也就更香。但是注意在加热的过程中持续搅拌，避免豆浆煳锅。

任务实施

1. 分组和制订计划

2人分为一组，小组成员共同讨论，制订目标和计划，根据成员个人优势协商确定任务分工。

2. 劳动步骤

以小组为单位，成员共同完成一次豆腐的制作过程。豆腐的制作步骤见表5-4。

表5-4　豆腐的制作步骤

序号	步骤	劳动说明	劳动标准
1	规划方案	制订详细的豆腐制作方案，明确成员间分工和劳动内容	方案完整，劳动步骤翔实，能够指导劳动操作
2	材料与工具准备	准备各环节需要的材料与工具	清点数量，摆放整齐
3	浸泡黄豆	把黄豆用4～5倍水浸泡4小时以上，冬季天冷需要延长时间，浸泡时间越长，出浆率越高	黄豆新鲜，黄豆泡发充分，豆粒膨胀

续表

序号	步骤	劳动说明	劳动标准
4	磨豆	把黄豆和水一起放进石磨中，逐步少量加水，边加水边打磨，将黄豆打磨成细腻的豆浆	磨速均匀，加水适中，豆浆细腻
5	过滤	戴上手套，将磨好的豆浆用纱布过滤出来	豆浆和豆渣分离彻底，豆浆中无杂质
6	煮豆浆	把挤压好的豆浆倒入锅中，加热煮开，煮豆浆要用深点的不粘锅或厚底锅，防止溢锅，要时不时地搅拌下，不要煳锅。把豆浆煮开，撇去上面煮的浮末。继续煮至2分钟。上面的一层豆油皮也要捞掉，让豆浆更加细腻。微凉至90℃左右，温度不得低于80℃，可以使用温度计测温	煮沸后不溢锅、不煳锅，上层浮沫和豆皮去除干净，温度控制合理
7	倒浆	内脂点浆浓度为0.3%~0.4%。在容器里放入3克内酯，20克温水，搅拌溶化和匀，温水可加速溶解。内脂的主要成分是葡萄糖酸，放多了就会有点酸，放少了不易定型发散，用3克的内脂差不多就可以了。 现在开始倒浆，把煮好的10升豆浆从30~40厘米高度快速地倒入内脂容器里。 冲好的豆浆撇去上面浮沫，盖上盖子静置约15分钟，就可凝固成豆腐脑了	内酯浓度合适，倒浆速度快
8	制作豆腐	在豆腐模具里平铺一块薄棉布，把做好的豆腐脑用勺子捞入模具里，划碎刮平，再稍微用力挤压下，挤压出豆腐脑里一部分豆水，使豆腐定型，然后利用重物继续压制30分钟以上就成豆腐了	豆腐模具和薄棉布的摆放，以及捞豆腐脑的操作规范，重物压制力度均匀
9	工具与场所清理	放学后豆腐可自行带回家。清理现场，确保制作场所干净整洁，洗餐具、抹桌子，餐具分类放	场所整洁，工具整齐干净

劳动实践评价

豆腐制作实践结束后，小组成员进行讨论，充分听取对方的意见和建议，每位成员对自己的劳动态度、劳动质量、劳动结果进行自我评价，总结自己在劳动知识与技能、合作意识、沟通能力、吃苦耐劳精神等方面的感悟，最后教师进行总体评价。

豆腐制作实践评价见表5-5。

表5-5　豆腐制作实践评价

<table>
<tr><th>劳动评价（满分100分）</th><th>评价标准</th><th colspan="2">成绩/分</th></tr>
<tr><td>过程评价（30分）</td><td>正确完成豆腐制作过程，清理现场环境</td><td colspan="2"></td></tr>
<tr><td>自我评价（20分）</td><td>学生要写出自己在制作豆腐时的学习情况以及对自己在实践步骤中各个环节的自我评价</td><td colspan="2"></td></tr>
<tr><td>课程感悟（20分）</td><td>总结在课程中学到的知识，对自己的合作意识、沟通能力等进行思考</td><td colspan="2"></td></tr>
<tr><td>成果展示（30分）</td><td>按照豆腐制作的完成度以及认真程度，同学间互相点评</td><td colspan="2"></td></tr>
<tr><td>教师评价</td><td></td><td>合计</td><td></td></tr>
</table>

任务四　土豆泥的制作

学习目标

知识目标

了解土豆泥的营养价值、保存方法等，掌握制作土豆泥的方法和技术要求，尝试不同味道的土豆泥制作方法。

技能目标

能根据土豆泥的制作方法，独立完成土豆泥制作和不同口味的调试。

素养目标

在制作土豆泥、成果的展示和分享的过程中，体验烹饪的乐趣。

必备知识

历史溯源：早在公元前8000到公元前5000年，秘鲁南部的印第安人就开始食用土豆泥了。在十六世纪中期，土豆被西班牙殖民者从南美洲带回欧洲，但在当时，土豆在欧洲是被当作花朵观赏植物的，直到十八世纪前后，欧洲人口急剧增加，主要粮食作物已无法满足需求，英法德政府才开始大力推广土豆这种耐寒、产量高、营养丰富的食物。土豆作为一种生活中最为常见的食材，也是做法最多的食材，自从土豆传入中国后，各种关于土豆的美食层出不穷。

做法：土豆最简易的做法，不是烤着吃，而是蒸着吃。把土豆蒸到一定程度，用勺子压成泥，然后翻炒一下，放点盐，加点葱，或将煮好的土豆捣烂，再加入牛奶、奶油和牛油或食物油等食物（欧美流行）。

任务设计

1. 实践场所

校内烹饪基地或家中厨房。

2. 授课学时

1学时。

3. 材料和工具

土豆、牛奶、蒜瓣、黄油、盐、黑胡椒粉、切刀（用以给土豆削皮和切片）、盘子（用来蒸土豆片）、锅（两个，蒸锅用以蒸土豆，另一个锅用以煮牛奶）、筷子（用以转移土豆片与检测土豆是否熟透）、碗（用以后面装蒸熟的土豆）、勺子。

4. 注意事项

（1）注意锅和刀、筷子、勺子的使用安全，同时防止瓷器器皿摔碎伤到人，还要防止烫伤和被刀划伤。

（2）注意刚蒸熟的土豆泥十分烫手，可以借助其他工具进行转移。

（3）需将土豆完全蒸熟，需要用筷子检验，能轻松戳穿才是熟了。

（4）用锅蒸土豆片的时候，注意锅盖的摆放以及开盖方式，以免被蒸汽烫伤。

（5）在煮牛奶时放入蒜会让土豆泥更美味。

（6）土豆泥制作时适量放入牛奶，少量多次，避免过多弄成土豆糊，或不足造成土豆泥太干。

（7）黄油、盐和黑胡椒粉根据口味适量放入，可随牛奶一起放入。

任务实施

1. 分组和制订计划

2人分为一组，小组成员共同讨论，制订目标和计划，根据成员个人优势协商确定任务分工。

2. 劳动步骤

以小组为单位，成员共同完成一次土豆泥的制作劳动过程。土豆泥的制作劳动步骤见表5-6。

表5-6 土豆泥的制作劳动步骤

序号	步骤	劳动说明	劳动标准或材料
1	规划方案	制订详细的土豆泥的烹饪过程方案，明确两个成员间分工和劳动内容	方案完整，劳动步骤翔实，能够指导劳动操作
2	材料与工具准备	准备各环节需要的材料与工具	清点材料与工具数量，并摆放整齐
3	蒸熟土豆	400克土豆去皮切片，放盘子里上锅蒸10～15分钟蒸熟	土豆用筷子一戳可以轻松透过
4	蒜味牛奶制作	取一口锅，倒入100克牛奶，放入切好的蒜片，煮到牛奶快沸腾时关火，使蒜味充分浸泡在牛奶中	牛奶中有浓郁的蒜味
5	搅拌	在土豆泥中加入10克黄油，根据个人口味加入盐和少量黑胡椒粉，用小勺子把土豆压成泥，把土豆泥捻碎成颗粒状，再将牛奶分批次少量加入，并混合均匀	土豆泥捻碎成颗粒状，与牛奶混合后黏稠即可
6	工具与场所清理	土豆泥吃不完放学后可自行带回家。清理现场，确保制作场所干净整洁，洗餐具、抹桌子，餐具分类摆放	场所整洁，工具整齐干净

劳动实践评价

在土豆泥的制作实践活动过程中，小组分工完成。实践结束后，小组充分交换看法，结合实践结果互相分享观点，并对实践过程进行自我评价。总结在这次土豆泥制作的活动中的收获与感想，分享自己的感悟，并对这次活动过程进行评价。最后交由教师进行总体评价。

土豆泥的制作实践评价见表5-7。

表5-7 土豆泥的制作实践评价

劳动评价（满分100分）	评价标准	成绩/分	
过程评价（25分）	完成土豆泥制作及结束后场所和器具的清洁工作		
自我评价（20分）	对自己在该活动中的各个阶段及各自分工进行自我评价		
课程感悟（25分）	总结本次活动中各位同学所学到的知识及各自关于分工合作能力与沟通能力的思考和感悟		
成果展示（30分）	对于本次实践成品及过程，同学各自评价及互相评价		
教师评价		合计	

任务五 玛格丽特小饼的烤制

学习目标

知识目标

通过实践，了解烘焙方法等相关知识，掌握烤制饼干的方法和技术要求。

技能目标

能根据饼干制作方法，独立完成烤制玛格丽特小饼，达到培养兴趣、提高动手能力的目的。

素养目标

通过体验饼干制作，了解烘焙相关知识，在体验过程中培养热爱劳动、吃苦耐劳、勤于思考、团结协作的职业素养，形成严谨的工作态度和扎实的工作作风。

必备知识

玛格丽特小饼（Italian Hard-boiled Egg Yolk Cookies），发源于意大利，全称为“住在意大利史特蕾莎的玛格丽特小姐”，背后隐藏着一个美丽的爱情故事。据说很久以前，有一个糕点师在做饼干时，心中默默地念着他心中情人的名字，并将自己的手印按在饼干上，这就是这款小饼的由来，也正是有了些浪漫元素，所以让这款饼干深深地留在人们的记忆中。这是一款新手级饼干，它不会用到繁多的工具，也不需要特殊的材料，外观简单朴实，味道却是香酥可口，有些类似旺仔小馒头的口感。

玛格丽特小饼的制作材料主要有低筋面粉、玉米淀粉、糖粉、黄油和熟蛋黄。

任务设计

1. 实践场所

学校实训基地，如烘焙坊等。

2. 授课学时

2～3学时。

3. 材料和工具

熟蛋黄、黄油、糖粉、低筋面粉、玉米淀粉、盐、烤箱、烤盘、刮刀、打蛋器、粉筛、打蛋盆、锅（无熟蛋黄时用来煮鸡蛋）、台秤（电子秤）、擀面杖、一次性手套、烘焙手套、食品包装袋、油纸（锡纸）、小刷子。

4. 注意事项

劳动前进行安全教育，注意烤箱、锅的使用安全。注意各个环节的要点，确保饼干的顺利烤制。

任务实施

1. 分组和制订计划

2人分为一组，小组成员共同讨论，制订目标和计划，成员之间协商确定任务分工。

2. 劳动步骤

以小组为单位，成员共同完成一次玛格丽特小饼的制作劳动过程。玛格丽特小饼的制作劳动步骤见表5-8。

表5-8　玛格丽特小饼的制作劳动步骤

序号	步骤	劳动说明	劳动标准或材料
1	规划方案	制订详细的饼干烘焙方案，明确成员间分工和劳动内容	方案完整，劳动步骤翔实，能够指导劳动操作
2	材料与工具准备	准备各环节需要的材料与工具	清点数量，摆放整齐
3	黄油打发	提前将黄油在室温中软化，分3次加入糖粉打发，在第三次加糖粉时加盐，打发至微微发白、稍微蓬松即可	50克黄油，30克糖粉，0.5克盐，打蛋器，打蛋盆 注：糖粉可以根据自己的口味适量增加或减少
4	面团制作	把熟蛋黄筛入黄油中，搅拌均匀，筛入低筋面粉和玉米面粉，用刮刀混合均匀。 注：有条件的话，可将面团用保鲜膜包好，放入冰箱冷藏40分钟	熟蛋黄1个，低筋面粉50克，玉米淀粉50克，粉筛，刮刀
5	饼干制作	戴上手套，将面团分成每个8~9克的小面团，搓圆，放入烤盘（烤盘上铺一层油纸或锡纸），用大拇指按扁，烤箱预热，上下火150℃烘烤20分钟。制作完成后，戴烘焙手套将烤盘取出，饼干放置一旁晾凉后装入包装袋中	一次性手套，烘焙手套，烤箱，油纸，食品包装袋
6	工具与场所清理	放学后饼干可自行带回家。清理现场，确保制作场所干净整洁	场所整洁，工具整齐干净

烤制过程中需要注意的问题

（1）蛋黄需完全蒸熟。

（2）冷藏后的面团在后面按压的时候比较容易出自然裂纹。

（3）烤前可刷鲜蛋黄液，可增加饼干的色、香、味、形。

（4）饼干刚出炉时会有点软，放一会儿后会变酥。

（5）若要烘焙不同口味的饼干，可在步骤4中减少玉米淀粉的用量，并加入等量的可可粉或抹茶粉。比如烘焙可可味的饼干，就加入40g的玉米淀粉，10g的可可粉；烘焙抹茶口味的饼干，则加入45g的玉米淀粉，5g的抹茶粉。

劳动实践评价

玛格丽特小饼的烤制实践结束后，小组进行讨论，充分听取对方的意见和建议，每人对自己的劳动态度、劳动质量、劳动结果进行自我评价，总结自己在劳动知识与技能、合作意识、沟通能力、吃苦耐劳精神等方面的感悟，最后教师进行总体评价。

玛格丽特小饼的烤制实践评价见表5-9。

表5-9　玛格丽特小饼的烤制实践评价

劳动评价（满分100分）	评价标准	成绩/分	
过程评价（25分）	正确完成烘焙过程以及清理现场环境		
自我评价（25分）	学生要写出自己在烘焙时的学习情况以及对自己在实践步骤中各个环节的自我评价		
课程感悟（25分）	总结在课程中学到的知识，对自己的合作意识、沟通能力等进行思考		
成果展示（25分）	按照学生烘焙结束后饼干的完成度以及学生的认真程度，同学间互相点评		
教师评价		合计	

玛格丽特小饼见图5-3。

图5-3　玛格丽特小饼

任务六　无冷面皮制作烤冷面

学习目标

知识目标

了解烹饪的相关知识，掌握制作烤冷面的方法和技术要求。

技能目标

能根据烤冷面的烹饪方法，在没有冷面皮的条件下，独立完成制作烤冷面的相关工作，学会正确使用厨房工具。

素养目标

在没有冷面皮的情况下，通过动手制作烤冷面，培养珍惜粮食和尊重他人劳动成果的意识。

必备知识

烤冷面，是黑龙江省特色小吃之一，起源于黑龙江省鸡西市密山市。烤冷面起初有多种做法，包括油炸、高温铁板碾压等，后改良为铁板成块煎烤。烤冷面的成本低，入口爽滑，口感筋道，目前该小吃火遍全国，是一道风味十足的美食。

任务设计

1. 实践场所

要求阳光充足、无易燃易爆物的室内，室内电路情况良好。

2. 授课学时

1学时。

3. 材料和工具

荞麦面或挂面、鸡蛋、香肠、花生油、老抽、生抽、洋葱、香菜、蒜蓉辣椒酱、金针菇、午餐肉、葱、烧烤酱、孜然粉、桶装饮用水、平底锅、电磁炉、木锅铲（不烫手）、比锅大的锅盖、围裙、手套、刀具、不锈钢碟子等容器。

4. 注意事项

（1）制作前进行安全教育，注意厨具使用安全。

（2）制作过程全程穿戴好围裙，学生穿长袖实训外套以防被热油溅到。

（3）制作时注意各个环节的技术要点，确保安全。

任务实施

1. 分组和制订计划

5～7人分为一组，全班约分成6～8组，并任命组长。小组成员共同讨论，制订劳动目标和计划，根据成员个人优势协商确定任务分工。

2. 劳动步骤

以小组为单位，成员共同完成一次烤冷面的制作过程。烤冷面的制作步骤见表5-10。

表5-10　烤冷面的制作步骤

序号	步骤	劳动说明	劳动标准
1	规划方案	制订详细的烤冷面制作方案和具体实施步骤，明确成员间分工和劳动内容	方案完整，劳动步骤翔实，能够指导劳动操作
2	材料与工具准备	准备各环节需要的材料与工具	清点数量，摆放整齐
3	制作过程	（1）先往平底锅中加水烧开煮面。等待水开的过程中将葱、香菜、洋葱和金针菇洗干净并切段。香肠和午餐肉切片，备好烧烤酱、蒜蓉辣椒酱，鸡蛋打散。	材料切段均匀
		（2）水开后加入荞麦面或挂面煮8分钟（面条干重为50～75克/人份），8分钟后将面条捞出过凉水。	时间控制合适
		（3）平底锅放油开火烧热，油可以随自己的喜好添加，喜欢油多就加多些，反之就放少一些，取一大筷子面条，平铺在油面上，小火煎90秒后倒入一半备好的鸡蛋液。	面条煎至颜色金黄
		（4）鸡蛋液凝固后，翻转冷面，有鸡蛋液的一面向下。将洋葱和金针菇平铺在面条上，再加入剩下的鸡蛋液。鸡蛋液边缘凝固后将冷面翻面。	冷面翻面恰当
		（5）冷面翻面后继续小火煎至鸡蛋液完全凝固再翻面，此时加入切好的香肠和午餐肉，香肠和午餐肉只铺满冷面的一半。	香肠和午餐肉铺放均匀美观

续表

序号	步骤	劳动说明	劳动标准
3	制作过程	（6）根据口味，涂上一层蒜蓉辣椒酱和烧烤酱，加入孜然粉。	涂料均匀
		（7）待鸡蛋熟透，卷起另外未铺香肠和午餐肉的一半面皮，再刷一层辣椒酱。	
		（8）小火再煎10秒，撒上葱花出锅，切块食用	
4	现场清理	清理现场，垃圾分类，用具清洗干净	干净整洁

劳动实践评价

烤冷面的制作实践结束后，各组将制作的烤冷面切成若干块分享，剩下的自己吃或者带回去和家人分享。由组长组织小组进行讨论，充分听取大家的意见和建议，每人对自己的劳动态度、劳动质量、劳动结果进行自我评价，总结自己在劳动知识与技能、合作意识、沟通能力、尊重他人劳动成果、珍惜粮食、珍惜资源、不随意浪费、吃苦耐劳精神等方面的感悟，最后教师进行总体评价。

烤冷面的制作实践评价见表5-11。

表5-11 烤冷面的制作实践评价

评价内容（满分100分）	评价标准	成绩/分	
过程评价（25分）	学生操作过程每一个步骤完整		
自我评价（25分）	能够很好地完成个人任务，与组员沟通良好，自我评价劳动过程中的优缺点		
课程感悟（25分）	能够在课程时间中掌握所学技能，并积极分享感悟		
成果展示（25分）	与班级其他成员互相欣赏、品尝、评价，成品外观良好，口感味道良好		
教师评价		合计	

烤冷面见图5-4。

图5-4　烤冷面

附录

常见劳动教育安全因素和保障措施表

安全类型	安全因素	保障措施
工具	镰刀、锄头、刀具、剪刀等铁器	穿戴手套或水鞋； 工具上锁，专人管理，课前课后清点工具； 教师课前示范操作，学生练习多次； 禁止竞技性劳动活动，避免工具对人造成伤害； 禁止学生课间嬉戏打闹； 使用工具时，人与人保持距离，短工具保持1米以上距离，长工具保持距离1.5米以上距离
伤口	割伤、刮伤、擦伤	教师掌握简单的清洗、消毒、包扎技术； 准备止血贴、无菌纱布、碘酒、棉花等止血物品
扭伤	脚踝、手腕等扭伤	课前进行准备运动； 教师掌握简单的冰敷、消肿和跌打药使用方法
过敏	花粉、植物茸毛和植物乳汁过敏	准备外用脱敏药物； 教师会简单判断皮肤、鼻、眼过敏现象； 防止学生手抓破过敏处，可用手轻轻拍打临时止痒
蛇虫叮咬	红火蚁、蜜蜂、黄蜂、蚊子、蜈蚣、臭蝽、蛇等	课前1～2周清理杂草，驱赶和消灭蛇虫等； 准备防蚊、消肿、消炎等药物； 准备手套和水鞋
中暑	天气炎热、学生体能弱	课前掌握部分体能较差的学生情况，适度安排劳动强度； 了解降温、心肺复苏技术； 避免高温天气活动； 备好草帽、冰袖和毛巾等防晒物品； 根据实践活动的时长，课间可适当安排饮水、补充植物饮品或矿物饮料
化学危险	肥料、农药、试剂	不使用有毒药物，药品上锁专人管理； 课间避免用手揉眼和擦皮肤，课后洗手

续表

安全类型	安全因素	保障措施
极端天气	突发雷雨、大风等	提前查看天气预报，做好天气应急备用方案； 教师和学生熟悉应急避险和疏散场地路线，有序组织离场； 学生掌握恶劣天气辨别方法，掌握基本避险知识和技能
设备和仪器风险	烤箱、电饭锅、电磁炉、微波炉、易燃物和设备火灾等	课前进行设备使用、用电安全等安全教育； 根据不同的火灾类型，掌握灭火器、湿布、沙等不同的使用方法； 触电和烫伤等危险的处理和防范
组织安排	班级活动混乱，紧急情况和其他突发不可预见状况	课前分组，任命组长，明确小组分工和任务； 授课教师有校内医务室医生、劳动教育主管校长的电话，有附近医院的急救电话； 有条件可以适当安排校内高年级学生或实习教师参与课间安全员工作； 有条件可以单独开设劳动教育安全实践课程

参考文献

[1] 夏声广. 水稻病虫草害诊断与防治原色图谱[M]. 北京：中国农业出版社，2021.

[2] 任永锋，苏后汉. 现代水稻生产与经营[M]. 北京：中国农业科学技术出版社，2015.

[3] 吕建秋，田兴国. 水稻生产管理关键技术问答[M]. 北京：中国农业科学技术出版社，2019.

[4] 刘海林，程世敏，陈金雄. 南方特色经济作物关键栽培技术[M]. 广州：广东科技出版社，2023.

[5] 刘旭，王宝卿，王秀东. 中国作物栽培史[M]. 北京：中国农业出版社，2022.

[6] 杨文钰，屠乃美. 作物栽培学各论：南方本[M]. 3版. 北京：中国农业出版社，2021.

[7] 张丽莉，魏峭嵘. 马铃薯高效栽培[M]. 北京：机械工业出版社，2021.

[8] 程智慧. 蔬菜栽培学总论[M]. 北京：科学出版社，2019.

[9] 程智慧. 蔬菜栽培学各论[M]. 北京：科学出版社，2021.

[10] 喻景权，王秀峰. 蔬菜栽培学总论[M]. 3版. 北京：中国农业出版社，2014.

[11] 喻景权. 蔬菜栽培学各论：南方本[M]. 4版. 北京：中国农业出版社，2012.

[12] 柏玉平，王朝霞，刘晓欣. 花卉栽培技术[M]. 北京：化学工业出版社，2022.

[13] 陈远吉. 景观花卉栽培与管理[M]. 北京：化学工业出版社，2013.

[14] 李名扬. 园林花卉学[M]. 重庆：重庆大学出版社，2021.

[15] 古谷卓，刘馨宇. 图解多肉植物栽培与观赏[M]. 北京：北京美术摄影出版社，2020.

[16] 岳海林，刘文，谢秀凤，等. 龙船花压花保色方法研究[J]. 广东农工商职业技术学院学报，2023，39（3）：28-32.

[17] 陈国菊. 压花艺术——走过这片花海[M]. 北京：中国农业出版社，2023.

[18] 金叶飞，王国夫，虞欣霁. 创意压花的制作技法[M]. 上海：上海交通大学出版社，2023.

[19] 朱旗. 茶学概论[M]. 北京：中国农业出版社，2020.

[20] 李荣春. 食用菌栽培学[M]. 北京：中国农业大学出版社，2020.

[21] 许毅戈，杨国，李旭敏. 食用菌栽培技术与管理[M]. 北京：中国农业科学技术出版社，2015.

[22] 刘绍俊. 浅谈植物标本的制作与保存技术[J]. 医学食疗与健康，2019（18）：214-215.

[23] 王君. 植物原色浸渍标本制作方法的探究[J]. 现代农村科技，2019（9）：61-63.

[24] 董会，杨广玲，孔令广，等. 昆虫标本的采集、制作与保存[J]. 实验室科学，2017，20（1）：37-39.

[25] 姜郁花，严为强. 室外大棚省力化养蚕技术[J]. 蚕桑茶叶通讯，2023（1）：10-11；14.

[26] 黄剑，张敏，张凯，等. 蚯蚓养殖与有机种植绿色种养循环农业模式[J]. 农家参谋，2022（23）：55-57.

[27] 司玉君，陈雪，曹其聪，等. 卤水黑豆豆腐制作工艺研究[J]. 安徽农业科学，2023，51（7）：186-188；199.

[28] 刘文，李荣喜，岳海林，等. 红色农垦劳动教育的探索和实践[J]. 广东教育（职教），2023（12）：13-16.